世界一周　わたしの居場所はどこにある!?

西井敏恭

幻冬舎文庫

世界一周　わたしの居場所はどこにある⁉

まえがき

「小さな頃からの憧れでどうしても南米に行きたいんです」という言葉を残し、私は会社を辞めた。

「そうか、君がいなくなるのは非常に残念だが、君のやりたいことは応援したい。がんばってこい」との上司の言葉に心を打たれ、「お前の分はなんとかみんなでカバーするから、体には気をつけろよ」という同僚の言葉には涙が出そうになったが、全く惜しまれたり引き止められたりしていないことに気づいたのは出発してからであった。

南米を目指して関西国際空港を出発した私は、何故かタイのバンコク・ドンムアン空港に到着していた。

目次

まえがき 5

アジアの逆風 タイ 8

オッパイ族の謎 ラオス 13

団体ツアーとかに参加したくない件 中国 18

傾斜角四五度の攻防 中国 25

風の谷のマリファナ パキスタン 32

アフガンマジック パキスタン 40

真の友情 トルコ 46

テロの波紋 ルーマニア 54

なぜに私がラマダンなのだ チュニジア 66

キッチン大使館 スペイン 76

デンジャラス・ヒッチ 西サハラ 82

相互理解への道 ブルキナファソ 89

日本代表 ガーナ 98

アラーキの兄貴たち ブラジル 109

ギター職人　パラグアイ　119
アマゾン川の船旅——肉弾戦　ブラジル　125
エンジェル　ベネズエラ　137
汝、赤道たるや　エクアドル　145
バックパッカークラス　ペルー　151
逮捕しちゃうぞ　チリ　162
バトル OF セントージャ　アルゼンチン　172
リアル北斗の拳　南アフリカ共和国　186
肛門激痛～ラララ入院編～　モザンビーク　200
世界最貧国の真実　エチオピア　209
エチオピア土着の文化　エチオピア　216
許可書がいらない許可をくれ　スーダン　228
四〇〇〇年の歴史と現実　エジプト　239

あとがき　248
これだから世界一周は　253

アジアの逆風　タイ

透きとおる青空、輝く海。微笑《ほほえ》みの楽園、タイ。

私のような硬派な旅人にとって、チャラチャラした雰囲気の国は少々苦手だ。リゾート感覚の浮かれた気分で遊びにきている雰囲気に馴染めないというか、あまり近寄りたくないというか。このような場所にいてその辺のナンパなミーハーリゾート観光客と同じように思われるのはとても苦痛な、ハードボイルドな私だが、タイはもう八回目だ。

「南米に行くために会社を辞めます」と、会社を辞めた三日後、なぜかまたもやバンコクのドンムアン空港に立っていた。

南米を目指していたはずなのに、なぜタイなのか？

せっかく会社を辞めたので仕事を忘れてのんびりしたかった。

社会人時代の私は、NC旋盤の施工という、わけのわからない仕事に就いており、一般のサラリーマンたちが日々の現実や今後の人生設計と自分の夢なんかとのギャップに悩んでいるのと同様に、私も今、自分がつくっているNC旋盤とは一体なんなのか、一体誰の役にたつのか、NCとはなんなのか、旋盤とはそもそもなんなのか、もしかしたらこれはUFOの一部なのではないだろうか、といった疑問を抱いていた。そういえば、部長の髪型はE・T・みたいだったし、社長は月に一回くらいしかその姿を確認できなかった。

というわけで、タイという比較的ホンワカしている国で仕事のことなんかをパーっと忘れてしまいたい所存である。

飛行機から降りて税関で並んでいると、いきなり日本人女性から、

「旅ですか？」

と声をかけられた。

なにを隠そう、旅である。いきなりラッキーな展開でもある。ラッキーな展開なので、このあとは二人でホテル探しでもしますか、ちょっといいホテル知ってますよ、じゃあ一緒に部屋をシェアしますか、そうですねせっかくの異国だから仕事のことはすぱっと忘れて二人だけの素敵な時間を過ごしましょう、的な展開が考えられるが、税関を出たときにはもう一人タイ人が合流して三人になっていた。

タイ人の名はスパチャイ氏。彼は日本との貿易を主とする世界を股にかけた会社の社長であり、日本人女性とは日本で知り合い、それ以来の関係らしいが、どんな関係かはあまり突っ込めなかった。

とにかく彼は社長であり、金持ちであるからにして、われわれ三人はバンコクに到着した

その足で、バンコクの中心を流れるチャオプラヤ川に浮かぶ水上レストランという、私が今まで行ったことのないような高級レストランに行くことになった。もちろんおごりだ。

少し違った展開になってきたが、やはりラッキーな展開には間違いなく、私としては当初の予定通りタイではパーっと仕事のことを忘れて遊んでやるのであり、しかも社長のおごりとなれば心置きなく飲み食いできるのであり、スパチャイさんに、

「一体なんの会社をしているのですか？」

と聞くと、

「工作機械の貿易をしています」

と答え、

「そうですか、それは車なんかをつくる機械ですか？」

という問いに対してスパチャイ氏は、

「違います、多分知らないと思うけど、NC旋盤という機械の貿易です」

と言い、その後、私がNC旋盤の仕事をしていたと言ったが最後、

「おー、NC旋盤を知っている人はかなり珍しい」

と感動されて、終始NC旋盤の話ばかりになった。仕事を辞めてまで仕事の話をしているなんて、いかに私が仕事人間だったかがよく伝わるエピソードであるが、小洒落《こじゃれ》たレストラ

ンでおいしいご飯、そしてこんなところに来てまで終始一貫して仕事の話なんかしてくれて、スパチャイさん、重ねてお礼申し上げます。

その夜、二人とは別れ、翌日にはバンコク市内の大使館にてラオスと中国のビザを申請した。

ここタイからラオス、中国、パキスタン、とアジアを横断する所存である。

「南米に行くのではなかったのか」

と素朴な疑問をもつかもしれないが、私自身も疑問だ。

冒険のような旅がしたい、と思って会社を辞めた。八〇〇〇メートル級の山に無酸素で登頂したことはないけど、今まで旅行者の行ったことのないような秘境に犬ぞりで到達したこともないけど、その辺の疑似体験を適当につくって日本に帰って大いに自慢したい。冒険がしたいのだ、と深く反省した翌日、私は、日本人観光客でごったがえすアユタヤに出かけた。

アユタヤに行く途中の電車内でタイ人の青年に出会った。

彼は二一歳の誠実そうな好青年で名をオーイ君という。

オーイ君はこの春休みに帰郷でアユタヤに帰るところであり、日本のテクノロジーは大変すばらしく、将来は日本の企業で働いてその技術をタイにぜひとも持ち帰りたい、などとすばらしい夢を語っていた。私は、現在仕事を辞めて旅行していることを、そしてこう見えても以前はNC旋盤などという、きっと君には残念ながら何なのかさっぱりわからないような精密機械を扱う工場に勤めていたと言いたかったが、きっとこの英語は難しすぎると思い、

「トヨタの工場に勤めていた」

と省略しておいた。

仕事の話はもういいので、その後われわれは、現代の日本社会において多くの若者が抱える問題点のひとつ、女性問題について深く語り合い、さらに現代のタイ社会が生み出している社会のひずみのひとつ、女性問題について深く語り合い、さらにアユタヤに到着したら街を案内してもらうついでに若い女性も紹介してもらう約束をしていると、

「僕たち一週間の冒険的な旅をしてるんです」

などと言う冒険的六人組の学生旅行者が話しかけてきて、私が戸惑っているあいだに、オーイ君はどこかへ消えてしまっていた。

「オーイ！」

オッパイ族の謎　ラオス

タイからラオスへ。

ラオスの古都、ルアンパバンは変な街だ。

なんせ私が滞在した五日間、ずっと停電し断水していたのに、街の人は誰も文句を言わず、どちらかといえば笑っているのだ。

暑くて外を出歩く気分にもなれないし、かといって部屋のなかは停電で扇風機が止まっているのでもっと暑い。シャワーを浴びて体を冷まそうにも断水で水が出ない。冷たい飲み物もない。なにもできないので他の街に出ようとバス停に行くと、停電だからバスも走らないというが、それは関係ないんじゃないか。やる気がないだけではなかろうか。よくわからない。

移動もできず、やることが特にないので隣の宿に遊びに行くと、そこには情報ノートがあった。

情報ノートとは、旅行者たちがよく出入りする安宿やカフェなどに置いてあるらくがき帳である。誰が何を書いてもいいのでその内容はさまざまであり、近くのおいしいレストランや周辺地域の安宿情報などといった旅行者に役立つものから、ドラッグの入手法など、私のようなきっぱり誠実好青年には何がなんだかさっぱりわからないものまであり、情報ノートがある場所ではすかさずメモのご用意をお願いいたします。

私はこのあと、ウドムサイという街を経由して中国に抜ける予定なので、その辺の情報が欲しい。ラオスに関してはあまり知らないので、あまり寄り道はせずに、早く中国に行きたかった。

情報ノートには期待どおりいくつかの中国情報があった。安宿、移動方法、途中の街の情報。そんななか、ひとつのある情報を入手した。

「ラオス北部にあるムアンシンという町には少数民族である〝オッパイ族〟がいます」

「ふむふむ」

全然興味がないけど少し読んでみると、どうやらオッパイ族とやらがいるムアンシンはラオスのなかでもさらにめちゃめちゃ田舎にあるらしく、たどり着くだけでも相当大変なようだ。

まずバスに五時間乗ってウドムサイという街まで行き、そこからは道が険しくてバスは通れないので、トラックに乗って五時間のルアンナムタまで行き、そこからさらにトラックの荷台に乗ってムアンシンまで三時間という、全一三時間の難行程だ。

往復で二〇時間近くの移動になり、考えただけでもしんどい道のり。さらに情報ノートには、「ムアンシンは無安心」と謎の言葉が書かれており、ゲリラが多いことで知られているラオスのことである、かなり危険地帯なのかもしれない。

さらに読んでみると、

「ラオスのオッパイ族はいつもオッパイをさらしており、しかもスカートを腰のあたりではいているので常時半ケツになっています」

と書かれており、もう一度書くと、全然興味がないけど、さらに情報の隣にはダッチワイフのような雑な挿絵も描かれている。

まずはルアンパバンを脱出。ウドムサイまでは比較的穏やかな道であった。そこで一泊し翌日からのハードな移動に備える。

翌朝はバスが八時に出発とのことでバス停に行ってみたものの、九時になってようやく出発、と思ったらそれはフェイントでガソリンスタンドで燃料を補給して元のバス停に戻ってくる。ようやく一〇時になって出発したと思ったところ、一時間ほど進んだところでバスのギアがバックにしか入らなくなったとかで、後ろ向きのまま来た道を戻ること二時間。午後一時の時点で元のバス停に戻って新しいバスに乗り換える。オッパイ族の村への道のりは長い。長いけど、全然進んでいないのは気のせいだろうか。

夕方五時にようやく途中の街ルアンナムタに到着して、そこで一泊しようかと思ったけどそのままトラックの荷台に乗せ換えられてさらに四時間。標高も高くなってきてトラックの荷台は気温がどんどん落ちてきている。私は何のためにこんなことをしてるのだろうか。何のためか全然よくわからないけれど、スタートすること一四時間、午後九時になって、ようやくムアンシンに到着した。

次の朝、例のオッパイ族を探して街をブラつく。そういえば情報ノートにはムアンシンにオッパイ族がいる、と書いてあったのでとりあえず来てみたが、それ以外の情報は皆無であり、どこに行けば会えるとか、どうやったら会えるとか、そんなことはなにも知らずにやってきた。

と、同じ宿のレストランには何人かの日本人旅行者がいて、そのうちの一人が上半身裸になりながら雑談をしていた。この男がオッパイ族であろうか。しかしオッパイ族はラオス人だと聞いている。

そこで私はこの旅行者のなかで最もオッパイに詳しそうなたれ目の人に、

「すいません、オッパイ族ってどこにいますか？」

と聞いてみた。

「オッパイ族？　アカ族のこと？　若い子はみんな出稼ぎに他の町に行ってしまって、ここにはおばちゃんしかいないよ」

どうでもよくなってきたぞ、オッパイ族。ムアンシンの街中には確かに半ケツ状態で上半身は裸という女性、女性というか年配の女性が何名かいた。

「どうして若い人たちはいないのですか？」

と大いなる不満、いや疑問をオッパイ族のオババに聞いてみた。

「いるよ、街中に」

いなかったぞ、そんな衣装を着た若い女性は。

「ただし、この衣装は結婚した人が着る物だから、若い娘は普通の格好をしている。わかりづらいかもね」

情報ノートの情報不足に遺憾の意を表明したい。

団体ツアーとかに参加したくない件　中国

ラオスから中国の国境を越え、いろいろとありながらもこの辺ではかなり大都市の昆明にやってきた。

昆明での最終日、私は石林という中国でも有数の観光地に行った。

その名のとおり石林は石が林のように乱立した景色の広がるところで、昆明観光の目玉といえる存在なので、泊まっていたホテルの受付などでも毎日ツアーを斡旋《あっせん》していたし、その辺の旅行会社でも「石林一日ツアー」という看板がたくさん目についた。

しかし私はあえて団体ツアーで行こうとしなかった。団体ツアーは公共の交通機関がないところに行くときには便利だが、私は風の旅人である。ツアーのようなものに参加すると、別に行きたくもないところに連れ回され、自分が気に入った場所を見つけても時間がきたら帰らなければいけない、そんなツアーは風の旅人に似合わない。

私は駅の近くから石林行きのバスが出ていると聞いていたので探し回り、ようやく見つけた「昆明―石林」と書かれたバスに乗り込むと、バスはすぐに出発した。バスは一〇人乗りのミニバスで、私以外の客は全員中国人であった。

バスは昆明を出て一時間ほど走り、まず四角い真っ白な建物の駐車場で停まった。

「トイレ休憩だろうか」

そう思って私が車内で待機していると、一緒にバスに乗っていたおばはんが、

「到着だよ、早く降りなさい」

みたいなことを言っている。

石林は自然地形のはずである。こんな公衆便所のような建物のわけがない。わけがないので、つまりこれは石林行きのバスではなくて、石林行きツアーに勝手に参加させられてたのかもしれなく、嫌な予感がしてきた。

車内で他の客と普通に大声で話していたので、てっきり乗客だと思っていたおばはんは、実はガイドだった。そしてその公衆便所のような白い建物は土産物屋だった。

他のツアー参加者とともに最初の部屋に入ると、いきなりちょっとさわやかなお兄ちゃんが金色のブレスレットみたいなものを手に持ち、実演販売を始めた。言葉はわからないがだいたいこんな感じである。

「ココニ用意シタノハ素敵ナ、ブレスレット、アルネ。トッテモキレイネ」

ふむふむ、とツアー客はみんな、そのお兄ちゃんの手にあるブレスレットを覗きこんでい

る。さらにお兄ちゃんは、

「ココノ、ブレスレットハ純金度〇〇%アルヨ、ホラコレガ証明書ネ」

みたいな感じで商品説明を始め、みんながなるほど、と商品に興味を持ち始めた瞬間、さらにもう一つの金色のブレスレットと茶色く濁った怪しい液体がはいった容器を取り出した。そして、

「コチラニ他社ノモノガアルネ。見タ目ハ同ジアルガ……」

みたいな感じで二つのブレスレットを液体につけた。

一〇秒ほどしてさわやか兄貴が液体から二つのブレスレットを同時に持ち上げると、するとどうでしょう、他社の金はメッキが剝《は》がれているではありませんか！

怪しい、完全に怪しい。こんなものにひっかかる奴いるのか。だいたいまだ目的地にも到着していないのに、誰がわざわざ荷物になる土産なんて買うのだ。

「おぉぉぉぉぉぉ」

ツアー客たちは一斉に声をあげ、そのブレスレットを買いまくっていた。

その後も彼らは、たくさんの土産物を両手に抱えバスへと戻ってきた。

満足げなツアー客を乗せて、バスは再び発進する。しかしものの二〇分も走ったところでまたしてもバスは停まる。今度は少し小高い丘の前である。そこには石の階段があり、それ

を登ったところにもしかしたら石林があるのかもしれない、と一瞬思ったが、どうも規模が小さい気がする。

　とりあえず再びツアー客について行くと今度は萬福寺という、とてもありがたそうな名前のお寺だった。ここには寺専属のガイドみたいなのがついてきて、どうやら彼は英語が話せるようで、なんやらかんやらと中国語で他の乗客に説明した後、

「ココハ一万ノハッピーガアルオ寺デス」

　と説明してくれる。

　次にガイドは二メートルくらいあるたいまつみたいなものを両手に持って、なんやらかんやらと説明し、

「コレハコノ寺デツクラレタタイマツデコレヲ燃ヤストHAPPYニナリマス」

　と私に言い、さらに趣味の悪いペンダントとかお守りみたいなものを取り出し、

「コレハ身ニ着ケルトHAPPYニナルペンダント」

　まただ。

　本日、われわれは石林を観光しに来たわけであって、決してハッピーを求めに石林に来たのではなくてだな、だいたい今から観光地に行くというのにそんな大きなたいまつなど持って歩くようなバカはいないのであって誰がそんなもん……、

「おぉぉぉぉぉぉぉぉ」

同乗のツアー客は歓声をあげ、先を争ってみんなたいまつを買い求めていた。

こうして昼過ぎに石林に到着。そこで、

「約三時間の自由行動。四時半にバスに戻って」

とガイドは言っていたが、面倒だったし、帰りもまたいろいろと連れ回されるのが嫌だったので、私はツアーの半額料金を支払ってこのバスを降りることにした。

やっと目的の石林である。思わぬ成行きからすっかり中国人団体ツアーに巻き込まれてしまった。一時間ほど歩き、小高い丘に登ってその頂上から石林の全景を見渡す。

石林は大都市昆明からはかなり離れた山地に位置し、近郊の緑に囲まれたなかで巨岩が林のように立ち並ぶダイナミックな姿は、それだけ見ればとてもすばらしいものだと思われる。しかしその中心にはいかにも中国的、赤と金色の派手な休憩所が造られていて、さらにそこでは、大音量の野外カラオケ大会が開催されており、その声が石林各地に設置されたスピーカーから鳴り響き、その素晴らしい景観をすべて台無しにしていた。

三時過ぎに帰りのバスを探そうと駐車場に戻った。駐車場を適当に歩いていると、

「昆明行きのバスだ」

と声をかけてくるおっさんがいる。見てみると、それは大型のバスであり、今度はツアー

バスではないだろう。さっそく乗り込む。

　バスはすぐに発車した。が、発車するや否や、車内では乗客たちによる大カラオケ大会が始まり、かなりやばい雰囲気だ。そしてバスは二時間ほど走って昆明市内に入り、これはすんなり帰れるかと思いきや、やはりというか何というか、バスは大きな建物の前で停まった。

　乗客がぞろぞろとバスを降りる。土産物はいらないから、と固辞する私もガイドらしきおばはんに強引にバスを降ろされる。どうやらまた中国人ツアーに巻き込まれたようである。

　その建物は、病院のようだった。看護師もいる。ツアーなのに病院とは謎が深まるばかりだが、この病院には続々とツアーバスが到着し、病院のなかは中国人であふれかえっていた。

　そしてわれわれツアー御一行様は入り口を左手に曲がったところの健康博物館みたいなものを一通り見せられる。博物館といってもこの病院の医者がもらったトロフィーや、その医者の履歴みたいなものが展示されているだけのもので、ツアーでここを訪れる意図は混迷を深めた。

　と、いったん入り口に戻ると、今度は右側の待合室みたいなところに連れていかれ、そこにはバリウムの入った紙コップを持って待っている看護師がいる。そんな彼女が私に向かっていきなり、

「服を脱いで……」

と言い、いきなり風雲急を告げる展開である。あまりの急展開にあぜんとしていたが、その間に彼女は私の体に指をすべらせ、その指は私の胸、腹、背中。

私は混乱していた。なぜ私は服を脱いでいるのだ？　たしか私は石林の観光に来ていたのではなかったか。なぜ彼女は私の体を触っているのだ？　なぜ彼女はこんなにも積極的であり、なぜ私もこんなに受身的であり、なぜこんなことを人前で、なぜ……。なぜ私は健康診断を受けているのだ。

私が混乱している中、同乗のバスツアー客たちを振り返ると、

「おぉぉぉぉぉぉ」

とみんなして健康診断に夢中になっていた。

傾斜角四五度の攻防　中国

中国を語る上でトイレ、特にウンコのあり方については、その四〇〇〇年の歴史を理解する上でも、万里の長城や敦煌の遺跡を知る上でも、決してはずしてはならない一件である。たかが旅行記じゃないか、そんな堅いことを言うな、という人もいるかもしれないが、当時の私は下痢だった。

硬いウンコなどとは程遠く、固体か液体かわからないような状態、いや正確に言うなら、固体三：液体七くらいであった。

固体三：液体七。

別に繰り返して書くことではないけど、それが中国を旅行している私の現実だった。

中国のトイレは旅行者の間で、「ニーハオトイレ」と呼ばれている。

どういうことかというと、大便をする際も、中国のトイレというのは基本的には通路と個室の間にドアがなく、わぁっ、やばい、もれる、とトイレに駆け込むと、いきなりそこには人ががっちりとシュートをうつ体勢に入っていて、

「ニーハオ」

なのである。

もっともこの手のトイレは最初のころこそ恥ずかしいが、中国を旅行していると結構慣れてくる。なんというか、むこう（中国人）が正々堂々とゴールを量産しているのに、こっちだけ躊躇してシュートを狙わないのも変な感じだ。

しかしこの手のトイレはまだまだJリーグのレベルであり、一般の中国人が使っているような安宿や公衆トイレになると、それはもうワールドクラス、トイレのなかにはドアどころか壁もなく、一本の溝しかない。八畳くらいの小部屋に溝が一本だけあって、そこに大の大人が一〇人くらい尻丸出しで一直線に並んでウンコをしている。

昆明から大理へむかう夜行バスのなか、私のお腹はえらいことになっていた。

最初のころこそ大丈夫であったが、悪路になるとその波がさらに増長し、日本海の荒波のごとくウンコの荒波が私のお腹を何度となく襲い、かなりの限界が近づいていた。こうなるともう周囲の景色だとか中国四〇〇〇年の歴史だとかはどうでもよく、私の脳裏はウンコで一杯であり、ウンコこそすべて、ウンコは最高、グッドベターウンコ、何を書いているかさっぱりわからないが、

ウンコ、それは永遠の憧れ

大空へと羽ばたくとき、それは自由になるとき
人はウンコをするために、大空に羽ばたくために生まれてきた
と、なぜか詩人になってこの場を我慢する。

こんなことなら無理して移動しなきゃよかった。一週間ほど前からすでに腹痛が始まっていたのである。ひどいときは一〇分に一度くらいの割合でトイレに駆け込み、そのたびにピンク色の液体七を排出していた。完治してから移動しようと思っていたが、いつまでたっても治る気配がないため、ええい、腹痛がなんだ、ウンコが怖くて旅ができるか、と思い切って移動してみたが、今となってはその勇気が裏目に出た感じだ。

こうして眠れぬ夜を過ごした翌朝、ようやく到着した休憩所のトイレがニーハオだった。駆けつけてみるとすでに一本の溝にはケツ丸出しの男ががっちりと一直線のフォーメーションを形成しており、空席は先頭と最後部の二席のみ。一〇人に肛門を見られるか、一〇人の肛門を眺めるかという究極の選択を迫られた私はとっさに先頭の見られるほうを選び、私の液体七ピンクは大空へと羽ばたいていった。

この事件以来、私は中国で下痢のまま移動することに恐怖を覚え、大理ではしっかりと下痢を治してから移動したのだが、ここで大変遺憾ではあるが、再びウンコの話をする。もち

ろん本来ならウンコの話など全然したくないのだが、中国のトイレで前方を直視すると他人のお尻が丸出しであって、いろんなことが見えてきてちょっと恥ずかしくなったりするので、このままウンコの話題を続ける。

大理でしっかりと下痢を治した私はそのまま世界遺産の街、麗江に向かい、さらにそこから近くの虎跳峡という峡谷にトレッキングに行った。ここは麗江から手軽に行けるトレッキングコースとして旅行者に知られており、手馴れた登山家なら一泊で、普通の旅行者でも二泊三日程度と聞いていたが、私は一週間かかった。

二〇キロくらいの全行程のなかには、五キロおきくらいに宿泊もできる休憩所が四ヵ所ほどあり、自慢じゃないけど全部制覇。当初は一日で行けると聞いていたため、山歩きには必要のないパソコンやガイドブック、その他不要であろうウォークマンや衣類、下着等、つまるところカメラとタオル以外のすべてを麗江の宿に置いてきて、一週間ずっと同じパンツをはき続けた。

ここは両サイドに五〇〇〇メートル級の高山がそびえる崖の中間をひたすら歩くというコースで、左手には常に、落ちたら一〇〇〇メートルくらいは落下しそうな渓谷が迫っており、高所恐怖症の私は常に右よりに重心を傾け、おかげで平地に戻ったときでもしばらくの間右側に傾いていていた。

崖は怖いけど、少し見上げれば頂に雪をかぶった高山が連なり、なかなか素敵なところだ。基本的には崖の中間を歩くといった感じだが、ところどころ開けたところには田畑がある。

こんなところだから当然車なんか通るはずもなく、住んでいる人たちの生活もすべて自給自足だ。その辺で適当に小便したりするとご飯時に野菜炒めから微妙なアンモニア臭が感じられたり、先ほどまでじゃれていたヤギが食事前に突如姿を消す。

トイレもあるにはあるが、二日目に泊まった宿のトイレの便器からは豚が顔を出していた。

初日と最終日以外、特にアップダウンのない道であったが、なぜ私が一週間もかかってしまったかといえば、風である。なんせ二〇キロも続く山間だから、渓谷から突き上げる風が想像している以上に強く、時おり吹きつける強風には歩くどころか立ってることもままならない。

四日目に泊まった宿は今までの宿とはかなり違い、二〇メートルほどの道幅のギリギリに建っていて、今にも崖から落ちそうなアンバランスさが気に入って二泊した。こんな場所なのでトイレはさすがにないだろうと思っていたが、宿の人に聞くと少し先に行ったところの小屋がそうだという。

見ると宿から一〇メートルほど先に行った崖っぷちに小屋が迫り出すように建っていた。小便はその辺で済ませたけど、二日も同じ宿にいたので、あるときウンコをしようとその小屋に入ると少し驚いた。外から見ると藁葺《わらぶ》き小屋に見えたそのトイレは、ドアこそないものの、崖から崩れ落ちないためであろう、全面コンクリートでできており、二畳ほどの小屋のど真ん中にしっかり穴があいており、しかもその穴はスロープ状に四五度の傾きで伸びて、どうやらここでシュートしたウンコたちはそのまま重力に従ってスルスルと崖まで転落していくという、とても合理的で計画性のあるトイレだったのだ。

個室、そしてウンコが下に溜まらないので悪臭もない。

この最高の環境のもとでウンコができることに私は心震わせ、勇んでパンツを脱いでシュートト体勢にはいると、前方の壁にはなぜか茶色の固体物が突き刺さっていた。

なぜウンコが壁に突き刺さっているのか。

そのとき、私のケツのはるか下方から強風が突き上げ、その風にのって乾いたウンコが前方の壁に飛んできて突き刺さった。しゃがんだまま穴を覗き込むと、スロープの先端はなぜか円錐状に少し広がりを見せており、そこに吹き込んだ風がこちらに向かって一点集中といった感じで押し寄せてくる。全然計画性ないやんけ。

そしてスロープ上には、まだ新鮮と思われる湿ったウンコが重力によって下方にすべると見せかけ、強風が吹くたびにじわりじわりと私のほうに迫ってきているのが確認された。風が止むと少し下方にすべり、風が吹くと上に少し戻る。

このときの私の体調は液体三くらいにまで回復しており、その場ではかなりの健闘を見せていた。

が、翌日には力尽きるようにして壁に突き刺さっていた。

風の谷のマリファナ　パキスタン

パキスタン北部の村・フンザ——宮崎アニメ「風の谷のナウシカ」のモデル地といわれ、パキスタン、いやアジアを旅行するバックパッカーにとって憧れの地である。

というわけで、この村に着くと早速、私はナウシカを探しに出かけることにした。

村中を歩きまわった結果、みごとナウシカを発見した、といいたいところだが、残念ながら発見できたのはジジ様とババ様ばかりだった。

「若い女はどこにいるのだ？」

とババ様に占ってもらったところ、ほんとは聞いただけだが、

「パキスタンの女は宗教上あまり外出しないのじゃ」

と言う。お前も女ではないのか、聞くと、

「若いおなごは家のなかじゃホッホッホ」

ババ様は不気味に笑った。

ここフンザは、バックパッカーの聖地である。日本人が集まる安宿がたくさんあり、私の宿「ＫサンＧＨ」もオープンして半年程度というのにすっかり日本人の巣窟となっている。

客のほぼ全員が日本人だ。旅行作家のカップルとか、現地で馬を買ってそれに乗って旅行している人とか、幼い頃からイスラムの世界に憧れシリアに留学していた女の子とか、もう七年も日本に帰っていない人、髪が伸びすぎて亡霊のようになっている人、ヒゲが伸びすぎて顔の上下がわからなくなっている人など、いろいろいる。

一日中マリファナを吸いまくり笑い続けている人もいる。

このフンザには一週間滞在した。大自然のパノラマに囲まれたこの地を私は大変気に入ったのだ。気に入ったからには毎日、周辺にあるいくつかのトレッキングコースを散策して過ごそうと思ったが、くたばってヘロヘロになっている他の旅行者を見てやめておいた。では、風の谷と呼ばれるこの村を歩きまわって村人たちとの温かい交友なんぞを深めたかといえばそうでもなく、ひたすら宿でダラダラしていた。

日本にいる人たちは懸命に働いて必死に時間をつくってなんとか休みをとっても、せいぜい一週間ぐらいであろう。その期間を海外旅行などにあてている人もたくさんいる。そんななか、私は一週間もダラダラしっぱなしである。

「こっちは一生懸命働いているのに、お前はせっかくそのようなすばらしいところに行っておきながら、まったく何をしてるんだ」

と言う人もいるだろう。

その通りである。合わせる顔もない。

フンザからラワールピンディという大きな都市へ移動した。ラワールピンディの「Pイン」はバックパッカーが集う人気の安宿だ。

ここでは「部活動」というものが行われていたので覗いてみた。

ドミトリー（宿泊所）ではヒッピー風の男たちが朝からタバコを回し飲みしながらバカ騒ぎしている……ただのマリファナではないか。

彼らは朝からマリファナを吸うことを「朝練」と呼んでいた。一見まじめそうな響きだが騙されてはいけない、ただのマリファナである。

「部員」の人に様子を聞くと彼は、

「うちの部長はまじめだよ」

と言う。ある日、その部員Mの部屋にいると、部長がやってきた。

「一緒に吸っていい??」

と言い、部員Mのボン具（パイプ）を受けとった。

「ボン（どうぞ）」

「あ、ありがとう」

部長らしく一息で大量に吸い込む。と、

「M、このボン具、ちゃんと洗ってないでしょ」

と部長は言う。

「あっ、わかります？」

「だめだろ、ちゃんと掃除しなきゃ、きれいなボン具で気持ちよくキマりたいだろ」

彼は道具の手入れを怠るなと言っているのである。一見まじめな部長のようだが騙されてはいけない、マリファナである。

またあくる日の部活動で、ネタ（マリファナ）が切れかけていたそうだ。みんな二四時間吸いっぱなしなので消費が早いのだ。

「その辺で買ってくるわぁ」

と言い、出かけようとする勤勉な部員Mを制して部長はこう言った。

「この辺のネタは悪くはないけど最高品ではない。おれがペシャワール（マリファナの中心地）まで仕入れに行ってくる」

ペシャワールまでは片道四時間の距離である。その辺で手に入るモノでは妥協せず、いいモノでキマルために、その距離を部長自ら仕入れに行くというのだ。部長は部員たちに常々こう言っている。

「人生は一度きりだから、常に最高の時間を過ごしたい」

一見まじめなようだが騙されてはいけない、マリファナである。

ビザの関係で一度国境の街ラホールからインドに行き、一〇日ほど過ごした後にパキスタンに戻ってきた。

国境からラホールの駅前に着くとホテルの客引きらしき男が近寄ってくる。

「ホテルを探してるのか？」

「ノー、もう決めてる」

ラホールは旅行者の間では「泥棒の街」などと呼ばれている。なんでも、へたな宿に泊まると部屋の屋根とかタンスの裏側に侵入口があり、寝ている間にパキスタン人が侵入してくるらしい。さらにこの街は「ホモの街」とも呼ばれている。その侵入口からはたくさんの男たちがなだれ込み、華奢《きゃしゃ》で色白な日本人男たちは哀れにもあんなことやこんなことをやられちゃうらしい。インドで人生観が変わったというヤツもけっこういるが、ラホールで性の対象が変わった人間もいると聞く。

「どの宿に決めてるんだ？」

「クインズウェイGHだ」

ここは安全な宿として知られているところだ。インドに行く前にも一泊した宿だ。

「おう、私の宿ではないか、ちょうど戻るところだったから一緒にリキシャに乗っていきなさい」

ちょうどよかったと思い一緒にリキシャに乗ること一五分、「クインズウェイGH」という看板の出ている宿に到着。が、前に泊まった宿とは全然違う。どう考えても偽モノだ。

「これはクインズウェイか？」

と聞くと、

「支店だ、こっちは新しいやつだ」

などと言うが怪しいものだ。

あとで聞いたところ、最近悪い噂が立ちすぎて他の宿には日本人が泊まらなくなったので、泥棒宿の人たちが日本人の泊まる「クインズウェイ」の看板をかかげて商売しているそうだ。

「本店がいい」

と私が言うと、

「お前は新しいのと古いのとどっちがいい？　安いのと高いのはどっちがいい？」

などと言うが、襲われるのはなによりもイヤだ。無視してこの宿を去った。

ラホールという街はたいした観光スポットがないので、普通の旅行者は一泊もせずに通過する場合が多いらしい。しかし、私はイランのビザを取得するために一週間もいるはめになった。

とにかく暇な一週間であった。メールを見にインターネットカフェに行くと最近結婚したばかりの女の子から、

「八月五日にしし座流星群が見られるよ」

というメールが届いていた。私がフンザにいたときに、

「パキスタンは空気がきれいで星がたくさん見える」

とメールを出していたのだ。

日本とパキスタン、離れた地にいても空は繋がっているように、私と新妻（他人のだけど）の心も繋がっているのだ。

「お互い離れていても、同じ星空を眺められるなんて、とてもロマンティックではないか」

と思い夜空を眺めると、ラホールの夜空は排気ガスに荒《すさ》んで星なんて全然見えなかった。

おまけにこのときは気温四三度、湿度九〇％と、不快指数二〇〇％だった。

私の泊まっている安宿なんぞには当然クーラーなどあるわけがなく、昼間は灼熱地獄となる。この街でクーラーが効いている場所はマクドナルドとインターネットカフェぐらいで、

お昼はマクドでコーヒーを飲みながら六時間ほど本を読んで粘り、夕方からインターネット

カフェに行くという暮らしが続いた。問題は夜である。ファンがあるものの、熱風が吹きつけてくるだけであり、ちっとも役に立たない。

そこで私は水シャワーを何度も浴びて体温を下げる作戦に出た。が、すぐに汗まみれになりあまり意味がない。

次にシャワーを浴びた後、体を拭かずにそのまま寝ることにした。少々ベッドが濡れるが、これなら体の濡れている部分にファンがあたると気持ちいい。

ところがこの方法でもすぐに体が乾いてしまい、結局一時間もしないうちに暑くなる。またシャワーを浴びる、乾く、浴びる、の繰り返しで疲れるだけなのである。

最終的にはバケツに水を汲みベッド全体にぶちまける、という強行手段に出てしまい、それはそれで快適に過ごせたのだが、問題は宿のオヤジがこの部屋を見たら何と言うのだろうということであった。

アフガンマジック　パキスタン

イランのビザが取れた翌日、早速、クエッタに移動した。

電車の同じコンパートメントには、パキスタン人の男が二人いて手をつないでいた。そういえばホモが多い。私は少し警戒したが、二人はいちゃつくことがあっても私には手出ししてこなかった。どちらかといえば邪魔な存在だったようだ。

途中で停車した駅で時間があったので、売店に行ってお菓子と飲み物を買って戻って来ると、われわれのコンパートメントの前に物乞いのばあさんがいた。とてつもなく汚らしい格好をしており、ものすごい臭気を放っている。

私を見ると脚にしがみつき、金をくれるまで離してやらんぞという態度である。そんな態度に出られてもこっちも金を欲しいくらいなので困るのだが、私は元来困っている人を見るとどうしても助けてあげたくなる性分なので、早く離れてほしいともちょっとだけ思ったので、手に持っていたお菓子をあげた。若い女の子にこの姿を見てもらいたくなる光景だったが、周辺は太ったおっさんばかりであった。

ところが私がこんなにすばらしい行為を行ったというのに、ババアは何を思ったのか「こんなもんいらん、金じゃ金」といった感じで、せっかくあげたお菓子を私のコンパートメントのなかにぶちまけた。それを見たホモ男たちが今度はババアに小銭をあげたのだが、またもやババアは「こんな小銭じゃねぇ、もっと大金よこせ」といった感じで、このお金もばらまくのであった。横柄なババアである。

この後ババアはしばらく姿を消し、われわれがよかったよかったなどと安心していたら、今度はそこら辺からゴミを集めてきてコンパートメントにぶちまけた。

完全に逆切れである。普通物乞いというのは自分の哀れさをアピールし、「私はこんなに哀れだからなんかちょうだい」と言ってくるものだが、嫌がらせをして「やめてほしかったら金くれ」という物乞いは初めてである。どうしようもないので車掌に言いつけ、無理やり引きずり降ろしてもらった。

するとババアはわれわれを振り返り、突然大声でワアーと叫び、その声は列車が発車するまで止まないのであった。ババアは真剣なのだった。何が真剣なのか、とにかくよくわからないが、私はその姿に心を打たれババアにお金を恵んだかというとそんなわけはなく、さっさと列車が発車しないかなぁと思っていた。

クエッタに到着して早速、宿にチェックインすると、そこの安宿には情報ノートがあった。読んでみると「アフガン（アフガニスタン）情報」が満載であり、アフガン入国の仕方とか、アフガンの見所、さらにはアフガン国内で殺されないための注意点などが書かれていた。そのような書き込みのなかに、おもしろい文章を見つけた。

「ここクエッタの両替商はみなアフガニスタン人です。ここで両替するとイラン国内よりよいレートで交換できますが、彼らはアフガンマジックを使います。たくさんの旅行者がこれにやられています。気をつけましょう」

というものだ。

私は早速、街の両替屋へと足を運んだ。まずは何軒かの両替屋をあたり、レートをチェック。その結果、現在の両替レートは一ドルがだいたい八〇〇リエルであることが判明した。この勝負は私が八〇〇リエルよりもよいレートで両替できれば勝ちであり、悪ければ負けというわけだ。

街の中心部には両替屋が集中しており、怪しげなヤツらも何人か声をかけてくる。私はそのなかでも「一ドル＝八五〇リエル」と言ってきたヤツにまず目をつけ、ついて行くことにした。路地裏に連れて行かれる。

「いくら両替するのだ？」

と聞くので、

「一〇〇ドルだ」

と答える私。ところが、

「一〇〇ドルだったら七五〇リエルだ、二五〇ドルだったら八五〇リエルで両替してやる」

と言う。しかしそんなにいらんし、だいたい二五〇ドルという複数のお札を渡した瞬間に真中のお札を抜くのがねらいであろう、そんな手にはのらないぞ。私は拒否したが、

「じゃあ両替しない」

と言われてそれまでだった。これは相手が逃げたので、まずは私の不戦勝といえる。

次に「一ドル＝八三〇リエル」と言ってくるヤツについて行く。今度は店の奥に通された。

「いくら両替するんだ？」

「一〇〇ドルだ」

「そうか、それなら全部で八万三〇〇〇リエルだな」

と両替商は言い、一〇〇〇リエル札を数えて私に渡した。

全部で八三枚あればオーケーなので数えると……二枚足りない。八一枚しかなかった。

「ふっふっふ、甘いぞ、二枚足りないではないか、ちゃんとよこせ」

私が指摘すると、両替商は「ほんとうか？」という顔をして私から札束を取り返して数え直した。私も注意深くその様子をうかがった。そして、

「悪かった、たしかに二枚少ない」

と言い、札束を私に返した後、引き出しからさらに二枚の一〇〇〇リエル札を私に渡した。これで八一プラス二枚の一〇〇〇リエル札が手に入ったわけだ。イラン国内だと七五〇リエル程度でしか両替できないそうなので、いきなりだが八〇〇〇リエルも儲かったというわけだ。

なにがアフガンマジックなのかよくわからないが、とにかく私は勝利を収めたといえよう。が、話がうますぎるではないか。私は部屋を出ようとしたが、あまりに早く追い出そうとしている両替商を見てハッとなった。

急いで札束を数え直す。

「一、二、三……、六二？」

なぜだ？　なぜ六二枚しかないのだ。

そうである。

彼は数え直すフリをして、その瞬間に札束を抜いていたのだった。注意深く観察していたのにまさにマジックである。危なかった。

私が詰め寄ると、両替商はチッと舌打ちをし、私に一〇〇ドル札を返し、かわりにリエルの札束を取り返して、「早く出て行け」と言い私を店から追い出した。

この勝負は引き分けである。危なかったがギリギリ助かったわけだ。そして敵の手段はもうわかった。と、私はこのとき、あることをひらめいた。

またもや、

「一ドル＝八三〇リエル」

といってくる怪しげなヤツについて行く。

「一〇〇ドル両替したい」

私が言うと、両替商は札束を数え、そして私に渡した。

先ほどと同じ手段ならここには八一枚の一〇〇〇リエル札があるはずだ。

そして私が数えて「足りない」といった後に、数え直すフリをして大量のお札を抜き、知らん顔するはずである。

私は……数え直さずに、

「サンキュー！」

と言って店を出た。両替屋があわてて追いかけてきたが、私は街の雑踏を走り抜け姿をくらませた。後で数え直すとやはり八一枚、全部で八万一〇〇〇リエルあった。

しかし、よーく考えてみると普通の両替屋で「一ドル＝八〇〇リエル」で交換しても差額は一〇〇〇リエル（一ドル強）である。

ばかばかしいかぎりだ。

真の友情　トルコ

カッパドキアからトルコの首都アンカラでバスを乗り換え、サフランボルという街に到着したのはすでに夜八時だった。

ガイドブックの類を持ち合わせていなかったので、バス会社のおっさんに、

「安い宿を教えてほしい」

と言うと、おっさんはつたない英語ながらも、

「オーケー　アイノウホテル　ホテルライクジャパニーズ」

と言った。直訳すれば「ホテル　ホテルは日本人が好きだ」ということなので、あえてツッコミはしないが、多分日本人びいきの宿があるということだろう。おっさんはどうやらそのホテルに電話してくれているようで、電話を切り終わったあと、

「一〇ミニッツ　ホテルカムヒア」

と言う。直訳すると「ホテルがここに来る」ということで、あえてツッコミはしないが、ホテルの誰かが迎えに来てくれるのであろう。なんだかこのおっさんといい、ホテルの人といい、この街はいい人が多いようである。

待っている間待合室にあったテレビを見ていると、なんだかビル大火災の映像が流れ、人々が逃げ惑っている。ちょっと前にイスタンブールのオカマデモ行進を見たばかりなので、

「イスタンブール？」

と聞くと、

「ノー　ニューヨーク」

とおっさんはロックンロールに答えた。しばらくテレビを見ていると今度は飛行機がビルに突っ込む映像が流れた。

「一体なにが起こったのだ？」

と私が聞くと、おっさんは、

「アメリカ　イズ　アタックト　バイ　ジャパン」

となぜか受動態で答えた。あえてツッコマないが、直訳すれば「アメリカが日本に攻撃された」ということであり……。

日本？？？

例のニューヨークテロ事件の当初、トルコではこのテロの犯人は日本だということになっていた。テロ後の二、三日はずっと、どこへ行っても、

「なんで日本はアメリカを攻撃したのだ？」

と言われ、翌朝の新聞には原爆の写真入りで、

「広島・長崎のリベンジ」

とまで書かれていた。

「ジャパーン　グッド　アメリカ　ノーグッド」

とほめられることもあった。トルコはイスラム教の国なので、他のイスラム教国同様アメリカ嫌いな人が多いのだ。ほめられるとすぐに喜んでしまう私だが、ここでは微妙な気分だ。

そしてこの間、日本人旅行者にとっての情報は彼らから伝えられる情報のみであり、それを聞くたびに少々不安になり、そして肩身の狭い思いをしたものだ。

後日、事件の真相が明らかになった。テロの主犯はイスラム教の国サウジアラビア出身のウサマ・ビンラディン。トルコ人よ、早とちりはいけない。

バス停で待っていると、安宿の主人が車で迎えに来てくれた。彼は敬虔《けいけん》なイスラム教徒で、すごく物腰も柔らかく、そして本当に日本人が大好きなようで、宿の客も半分以上が日本人だそうだ。彼は、

「私は心配している。この事件のせいで日本人はもう海外に出られなくなるのではないだろうか」

と深刻な表情を浮かべ、そして、

「気を落とさずに、うちでのんびりしてください」

と同情してくれた。いい人だ。そして今だから言うけど、私たちではなかったんですよ。

車にはガキも乗っていて、

「ホワイ　ジャパン　アタック　アメリカ？」

などと嬉しそうに聞いてくる。完璧になめている。

ガキの名はアリ。いいヤツだ。一〇歳のくせに英語は話せるし、日本語もぺらぺらである。

私がギターを持っているのを見つけると、

「アナタ　ギター　ヒケルンデスカ！」

と日本語で聞くので、そうだと答えると、

「ユズ　ヒケマスカ？　♪駐車場ノ猫ハ　アクビヲシナガラ〜」

といきなり日本語で歌い出す、とんでもないガキだ。宿に着いて、私がその曲をギターで弾くと、

「ワタシ　アナタ　ダイスキデス」

と叫び、キスを連打された。とにかくハイテンションなガキなのだ。

アリは本当に日本語がうまい。この宿はまだ開店して一年になっていないそうだから、たった一年以内でこれだけの日本語を覚えたということだろう。そして、ハイテンションで常

に日本語を話しまくる。日本語の使い分けかたも知っていて、例えばアリが私に何か頼みごとのあるときは、

「アナタ、〇〇シテクダサイ」

などと言い、ふざけるときは、

「オマエ、〇〇シロ」

と言う。困ったヤツだ。またあるとき私が玄関にいると、アリは近寄ってきて私のサンダルを手にし、

「デケー」

といった。「大きい」という日本語でなく、「デケー」なのだ。が、たしかに間違っていない。そしてサンダルを鼻にあて、

「クセー」

と言った。彼の日本語はまだまだである。

アリは私がどこへ行くにもついてきた。どうやら私がギターで「ゆず」を弾けるのが気に入ったらしく、そして私もアリを気に入っていた。自転車に二人乗りしながら郊外まで出かけたこともあった。私が自転車を漕ぐときは後ろの席だと怖いからだろう、彼はずっと、

♪君ヲ自転車ノ後ニ乗セテ、ユックリ、ユックリ、クダッテク〜

と歌い、自分が漕ぐときは全力疾走しやがる。ふざけるのが大好きなのだ。

私がハマムというトルコ式のサウナに行ったときもついてきた。彼はハマムのなかで突然下半身のタオルをとって自分のモノを指差し、

「マダ　チイサイ。モウスコシデ　オオキクナル」

と言い、私の下半身を指差し、

「デケー」

と驚いた。

もう一度書くと、アリは私の下半身を指差し、

「デケー」

と驚いた。的確な日本語といえよう。そして、

「クセー」

とも言った。ふざけてはいけない。

こうしてあっと言う間に三日間が過ぎた。

最初、私はサフランボルには一泊しかするつもりはなかった。友達との約束があって、日本に一時帰国しなければならなかったのだが、延ばしに延ばして三日、もうこの街を出なければ間に合わない。朝早くに起きてバス停でイスタンブール行きのチケットを買った。今夜

の夜行でここを出る。

それをアリに伝えると、いつものハイテンションはどこへやら、すっかり暗くなってしまった。私のギターを適当にジャラーンと鳴らしながら、

♪私ハトッテモ　悲シイデース　ナゼナラ　アナタガ　キョウ　行ッテシマイマス〜

となぜだか演歌調で歌っている。こんなときまで日本語が出てくるなんてすごいヤツだ。そして日本人の私にとって、このオリジナルの演歌はとっても心に沁《し》みた。

出発の時間が来た。宿の主人がバス停まで車で送ってくれるといい、アリも一緒についてきた。

「マタ　キテ」

「わかった。ちゃんとまた来るから」

バス停に着くとアリはついに号泣し始めた。こら、泣くなアリ。悲しくなるじゃないか。私はそんなキャラではないのだ。

「絶対キテ」

「うん、来るから泣くな」

「約束」

「うん、じゃあな、アリ。また一緒に歌おう……」

「……サヨウナラ」

子供だけど、男だけど、生意気でいたずらばっかりしてくるけど、いい友達ができた。悲しいけれど、これが旅の別れだ。なんだか涙腺がやばいがぐっとこらえ、私はバスに乗り込むと、

「忘レナイ」

とアリは外から大声で叫んだ。

……日本語の「忘レナイ」という響きにはちょっとやられた。

テロの波紋　ルーマニア

ルーマニアの首都ブカレストに到着したのは夜の一〇時を回った頃だった。

駅周辺にはビルが建ち並び、さすが一国の首都だと感じられるが、ビルの裏側に回るとすでに廃墟と化した建物も多く、路上にはホームレスらしき人たちの姿も目につく。ルーマニアといえばジプシーの国だ。

ここは東欧で最も経済不況が深刻な国であり、かなり治安が悪いと聞いていた。駅構内はこざっぱりとしてそれほど危険を感じなかったが、外に出てみるとたしかになんだか重たい雰囲気だ。

とにかく夜も遅いのでこんな時間にあまりうろうろ歩きたくないし、さっさと宿を決めて休みたかった。と、駅を出たところで、

「プライベートルーム」

と声をかけてくる女がいたのでついていくことにした。女に連れられてプライベートなルームに行くともなれば当然、一対の男女が体を重ね合い、口にも出せないようなあんなことやこんなこと、お前の妄想こそもうやめろなのであるが、違うらしい。

これは東欧独特の安宿形態で、現地の人たちが自分の住んでいるアパートを間貸ししたりする、民宿みたいなものだ。

だから、声をかけてきた女といってもスラムダンクの安西先生のような女である。

とりあえず英語は通じないので、身振り手振りでコミュニケーションをとった結果、一泊五ドルと言っているようだ。ホテルだと一〇ドル以上するのでたしかに安い。

駅から歩くこと一〇分、路地裏のいかにも古そうなアパートの一角に連れて行かれた。なんだかモノノケでも出そうな感じだなぁと思っていたが、そーいや今からモノノケのような女の家に泊まるのだった。

こんなことならあと五ドル出してでもホテルに泊まればよかったなどと後悔しつつ、アパートの一室にあがった。

意外なことに、アパートの内部はきれいだった。玄関を通って案内された部屋にはダブルベッドにテレビ、ソファーなどもあり、きちんと掃除もされている。なんだか初めてプライベートルームなどというものを利用するのでちょっと警戒していたが、これなら普通のホテルなんかよりよっぽどいいではないか。私はすっかり安心した。

が、よく考えてみると、このアパートはこの部屋以外には玄関とキッチンとトイレしかない。安西先生はどこで寝るのだろう。私は身振り手振りで、

「先生はどこで寝ますか？」

と聞くと、なにやら私を抱きかかえるような仕草を見せている。意味がわからない。私が不可思議な顔をしていると、先生は私を指差し、次にベッドを指差した。私がこのベッドに寝ろと言うのだろう。あたりまえですよ。

さらに今度は自分を指差し、ベッドを指差した。

どうやら一緒に寝ると言ってるようであった。ふざけている、どこがプライベートルームだ、プライベートを完璧に無視してる。

「出て行く」

という素振りを見せると先生は、じゃあお前はソファーで寝ろと言っている。まったくどっちが客なのかさっぱりわからないが、とにかくこの日は疲れていたし、時間もかなり遅かったので結局私はソファーで寝ることにした。明日は昼過ぎまでここで休んで、そのあとちゃんとした宿を探せばいいだろう。ようやく長い一日が終わった。

翌朝、なんだか騒がしいので目を覚ますとまだ六時だった。男と女の叫び声が玄関口のほうから聞こえる。

ベッドに安西先生の姿はないので、どうやら女の声は安西先生のようだ。まだ眠いので再び二度寝の体勢にはいっていると、突然私が寝ていた部屋に安西先生、続いて安西先生その

2（男性）が入ってきた。さっきの男の声の主だ。そしてなにやら激怒している。

「ウォーワァー」

いきなり私に怒鳴り散らし、なにやら出て行けと言っているようである。私もお金を払っているわけで、なんでこんな朝早くからたたき起こされて出て行かなければいけないのだと思うのだが、どうやら彼は安西先生のヒモみたいな存在らしく、

「お前、おれの女とやっただろー」

みたいなことを言って怒っているのだ。やるか。というか、やれるか。

とりあえず安西先生その2（男性）が激怒しすぎて今にも摑《つか》みかかりそうな雰囲気だったので、私は、

「してない、してない」

と必死になだめるが、わたしがルーマニア語を話せないので、まったくもって通じない。

必死にボディーランゲェージで、

「ワタシ、人間、ダカラ、無理」

と言っても通じず、結局私はすっかり間男として扱われ、このプライベートルームを追い出されたのであった。

ユースホステルに移動した。

一二ドルもするしドミトリーだけど、こっちのほうが全然プライベートである。

この宿はオーストラリア人が経営しているらしく、客も白人ばかりだ。私の部屋にはドイツ人二人、ポーランド人とオーストラリア人がいて、みんなフレンドリーだ。全員白人なので当然英語ばかりの会話になる。

オーストラリア人は少々訛りがきついものの母国語が英語だし、ドイツ人は英語がうまい。会話がすっかり盛り上がっているのだが、ポーランド人は少々辛そうだ。なんでもポーランドは最近までロシアの影響が強かったせいで、英語の授業などなかったそうなのだ。基本的な会話はできるのだが、少々難しい会話になるとついてこられなくなったり、単語を間違ったりしている。私に、

「おれたちもっと英語うまくなりたいよな」

などと言ってくる。間違えてるぞ。

われわれの部屋にはもう一人白人がいた。

しかし彼はちょっと変わり者のようで、あまり他の白人たちとは馴染んでいない様子である。いきなり叫び出したり、と思ったら何を聞いても黙りこくってしまったり、一人でしゃべりまくったりしていた。

部屋で彼と二人っきりになったとき、少し話してみた。しかし彼も英語が苦手なようでなかなか話が通じない。彼は自分では英語を話しているつもりのようだが、発音が悪すぎて全然英語に聞こえず、時々単語が聞き取れる程度だ。そのくせ私に向かって、

「お前は日本人だから英語へただな」

などと生意気なことを言う。嫌われるわけだ。まったく自分の語学力を棚に上げてふざけている。

彼は一度しゃべり出すと止まらないようで、発音が悪いせいで長い会話になると何を言っているかさっぱりわからなくなるのだが、簡単な英語ならなんとか理解できる。私が、

「お前の名前はなんだ？」

と聞くと、

「マイケルだ」

と答えた。まったくアメリカ人みたいな名前だ。

「お前こそ名前はなんていうのだ？」

「私はトシだ」

「おぅ、トシバー（東芝）、はっはっはー」

どうしようもないアメリカンジョークだ。

一体、何人だ？　と思って聞くと、

「ユナイテッドステイツ」

と言う。まあ聞いたこともない国からやってきているので英語が下手なのは仕方ない。

その後も話が続き、私がアーハン、アーハンと英語を駆使して聞きとった結果、彼の国はアルカイダという組織にテロ攻撃を受けたらしく、彼は陸軍の兵士なので今からトルコにある基地に出向き、その後アフガニスタンに潜入するらしい。どうやら出征前なので気が苛立《いらだ》ったり、急に落ちこんだりしているようだった。少々可哀想な人である。たしかに今から戦場に出向くとなれば少々おかしくなっても仕方ないといえる。本来ならここは「テロの撲滅のために君の健闘を祈り、そして早く世界が平和な状態に戻ることを私は心から祈っているよ」などと言いたいところだが、きっとそんな英語は通じないのでとりあえず神妙な顔をして聞いていると、彼は、

「アイ　ウィル　ビー　デッド　スーン」

などと悲しいことを言う。そんなこと言うな、ユナイテッドステイツ人。

やはり正規の軍隊を持たない日本という国に生まれた私には、彼の気持ちが完全には理解できないのかもしれない。すると彼は、

「だから今のうちにたくさん女を抱いておくのさ」

とも言う。死に直面するとこういう心境になるのだろう。

「アイ　アンダスタンド」

私が同意の意向を示すと、さらに彼は、

「だからブルガリアでは女を買いまくったぜ。ブルガリアの女は胸もでかいが声もでかいぜ」

と言い、本来なら私は、「そんな自暴自棄になるなよ」と言いたいところだったが、きっと彼が自暴自棄なんて単語は知らないから、

「オウ、ベリーグッド」

と慰めておいた。


その夜、なぜか私とマイケルは二人で売春街を歩いていた。もちろん拙者色事はごめんでござって、その手のたぐいの話には一切無縁の人生、だいたい愛もないのにお金を出してそういう行為に及ぶのは国内外を問わず絶対に慎むべき行為であり、マイケルがユースホステルの前で私の帰りを待っていて、

「女を買いに行こうぜ」

と誘ってきたときも、いくら戦争に出向く直前の男の心理だとしてもこれは止めなければ

いけないとの正義感から、

「アイ　ハブ　ノーマネー」

と必死に引きとめたのだが、

「チープ」そして「ビッグバスト」

と言って聞かないので、時間を引き延ばして改心を待つために、

「アイ　テイク　シャワー、ジャスト　ア　ミニッツ」

と言うのがせいぜいであった。

さて売春街というとなんだかネオンがキラキラと光り輝き、派手な建物が並んでいるようなイメージがあるのだが、ルーマニアの売春街はメインストリートからはかなり外れたところにあり、小さな路地の両側にホッタテ小屋のようなものが一〇軒ほど並んでいた。路上には客引きらしき男たちばかりで、女の姿は見当たらない。

客引きの男たちをかきわけ、

「ヤングガールがたくさんいる店をおれは知っている」

と言うマイケルについて行く。

店の前に行くと、マイケルはどうやらすでに常連のようで、その店の客引きの男たちは、

「オウ、フレンド、今日はもう三回目じゃないか」

などと言っている。戦争に行く前に撃ち果てる気だろうか、心配だ。

店の入り口にも女はおらず、どうやら少し中のほうにある小部屋に待機しているようだ。

私はもちろん買う気なんかさらさらないが、マイケルを引き止めるためにもどのような女性がいるか確認する必要があると思ったので、

「ハウマッチ？」

といかにも買う気がありそうな素振りを客引きたちに見せると、

「三ドルだ」

と言う。たしかに安い。アジアは安いことで有名であるが、カンボジアでせいぜい三ドルであり、ベトナムは七ドル、中国やタイなんかだといっきに二〇ドルくらいまで跳ね上がり、韓国では五〇ドルとかなり高いけど美人ばかりなので満足とか。もちろん拙者色事は御免でござってそんなところには行ったことがないし、しかし旅行者の間ではこういうことをしている人もたくさんいるわけで、旅行をしているとそういう話はよく耳にはさむのであって、これはあくまで人づてに聞いた話であるが、人づてに聞いた話のわりにはけっこう詳しい。

なんとか客を装って内部の潜入に成功した。マイケルが微笑をうかべながら、

「フッフッフ、ビッグバスト」

と指差した通路の一番奥の部屋にはピンクのカーテンがかかっており、全身こそ見えない

ものの女の足首が七人分くらい見えた。足首はけっこう重要なポイントである。女性というのは服を着るとやせて見えたりする場合も多く、実際に裸になると実はギャップが激しすぎることもある。私はけっこう細い女が好みなので、こういうときは足首で女を見分ければ間違いが少なくてすむというわけだ。右から二番目なんかはなかなかキュッとしまった足首をしているが、その左隣の女は仮に全身が見えたとき巨乳に見えてもお腹も出ているパターンだ。

ん？

いかん、いかん、すっかり買う人の視点で物を考えているではないか。今日はマイケルを引き止めるために来たのである。見るだけだ、見るだけ。

と、マイケルがカーテンをひいて内部の女たちの全貌が明らかになった。嬉し恥ずかし、ついにヤングなラテンルーマニア女性の顔見せだ。なぜか高鳴る鼓動を必死に押さえ、部屋の中を覗きこむ。

悪魔超人が待ち構えていた。右から二番目はアトランティス、その左隣はザマウンテンだったが、足首を見なくてもわかりやすかった。

マイケルは、

「なんだ、お前は行かないのか？」

と言いつつ、バッファローマンを連れて二階へと消えて行った。

私は一人で宿に帰りながら、世界が早く平和を取り戻し、テロなどが二度と起こらないことを深く祈った。

なぜに私がラマダンなのだ　チュニジア

ギリシャに行くと、チュニジアまでの飛行機代が二〇〇ドル弱だというので、安さに惹《ひ》かれ突然だがチュニジアに行くことにした。ひさびさに飛行機に乗ると、フライトアテンダントがとてつもなく美人で、さらにとてもフレンドリーで、

「ニーハオ」

と声をかけてくれて、とてつもなく嬉しかった。シェイシェイ。

チュニジアはアフリカの最北端に位置する小国だ。ついにアフリカの地に私は踏み込んだわけである。記念すべきアフリカ縦断の第一歩である。感動の瞬間であると思われるが、この後イタリアに一度戻るので、実はあまり関係なく、空港から外に踏み出すと、アフリカなのに異常に寒かった。

バスに乗って首都チュニスに向かう。

バスを降り銀行で両替し、二キロほど歩くと安宿にたどり着いた。

ここチュニジアはイスラム教（ムスリム）の国である。アフリカというと黒人をイメージするものだが、この国の人たちはアラブ人だ。

今まで通ってきたムスリムたちの国パキスタン、イラン、トルコなどはどこもそれぞれ異なった文化をもちながら、街中に人があふれかえり、音楽なんかがそこら辺で流れていてやかましいという共通点をもっていた。

しかし少し歩いてきた感じでは、ここチュニジアはなにか違う。埃っぽくて道路が迷路のように入り組んでいるところはムスリムの国を感じるが、なんとなくおとなしいのである。ムスリムの国なのにおとなしいというのは少し不気味だ。

なぜか人が少ない。

ここは仮にも首都チュニスである。街もそれなりに大きく、もっと人がいてもおかしくなさそうなのにちょっと不思議である。

私の泊まった宿はメディナという旧市街の一角にあり、ここには商店街が軒を並べているのだが……どれも閉まっていた。すっかりゴーストタウンのようなのだ。

宿で二時間ほど昼寝をして目を覚ますと、すっかり日は暮れていた。と、なにか外の様子がおかしい。さっきまでの静けさはどこへ行ったのか、アザーン（イスラム教礼拝の呼びかけ）のような音楽が鳴り響いてやかましいのだ。外に出ると周辺の商店街は活気にあふれ、ホテルの前の通路は人であふれかえっている。なんなのだ、さっきのゴーストタウンはどこへ行ったのだ？　しかも人々のテンションが異常に高い。普通じゃないハイテンションである。

ここで私はあることに気づいた。そう、ラマダンだったのだ。ラマダンとはムスリムの人たちの慣習で、一年の中の一ヵ月が断食月と呼ばれ、太陽の出ている間はご飯を食べてはいけないという宗教的儀式みたいなものだ。きっとつい先ほどまでラマダンだったのであろう。そしてこのチュニジア人の騒ぎようはきっとラマダンが終わったのだ。

ホテルのおっさんに、

「ラマダーン、フィニッシュ？」

と聞くと、

「イエス」

との返事。やはりそうなのだ。

私はお祭りが大好きだ。今夜は徹底的に遊んでやろうと思い街へと繰り出した。チュニジア人は日本人を見ると黙っていられない性格なのである。次から次へといろんなヤツらが私のところに押し寄せ、なんだかわからないが私は、

「飲みに行こうぜ」

といろんな人から誘われ、私もこういうのは大好きだから反省の意味を込めて、

「いえーい、ラマダーン、フィニ――ッシュ」

と、おおいに盛り上がった。

翌朝は一一時に起きた。

昨日は飲みすぎた。なんせ五軒もハシゴしたのだ。こう書くと、いかにもお酒を飲みに行ったように聞こえるが、ここはムスリム、お酒禁止の国である。五軒ハシゴしたといっても全部カフェだ。コーヒーばかり飲んで五軒ハシゴしたのだ。しかしムスリムは、なぜ酒もないのにあんなに盛り上がれるのか、不思議である。

この日の街は朝から活気があった。やはり昨日でラマダンが終わったのだと確信し、私はその日の午後チュニスの近郊にある「カルタゴ」という遺跡に行った。しかし夕方頃チュニスに戻ってくると、街は再びゴーストタウンに戻っている。なんなのだ一体。宿のおやじに再び、

「ナウ、ラマダーン？」

と聞くと、

「イエス」

と答える。

「こら、おっさん、昨日フィニッシュ？　って聞いたらイエスとか言っていたではないか」

と私が言うと、

「ラマダーン」

おっさんは答えた。

どうやら最初から通じていなかったようである。

チュニジアは母国語がアラブ語で、第一外国語がフランス語であり、だから宿でも英語が通じない。昨晩もおおいに盛り上がった気がするが、われわれはお互いにいっさい共通の言語をもたずに、なんだかよくわからんが盛り上がってしまったのだ。

それよりも何よりも、まだラマダンは終わっていないようである。しかし、だとしたら、昨日のあの街の盛り上がりはなんだったのだ。完全にお祭り騒ぎだったので、てっきりラマダンが終了したのだと思っていたのだが、普通の日だとしたらあの騒ぎようはいきすぎだ。そうか、昨日はなにか特別なイベントでもあったのだろう。と私は勝手に納得して昼寝し午後八時頃目が覚めると、街は再びドンチャン騒ぎになっていた。


翌日、チュニスからトズールという街に移動した。

トズールはチュニジアの南西端に位置し、サハラ砂漠の入り口の街である。

旧市街は昔の土でつくられた建物がそのまま残っており、それらが迷路状に入りくんでいてなかなかアラビックな雰囲気たっぷりである。郊外の博物館周辺には、たまねぎのような形をした宮殿が砂漠のなかに立ち並び、アラビアンナイトの世界を彷彿《ほうふつ》とさせる。

近郊には映画「イングリッシュ・ペイシェント」のロケにも使われたミデスという砂漠地帯もあり、かなりの観光地のようである。宿のおっさんは私がチェックインした際に日本人だとわかると、

「コンニチハ、ゲンキデスカー」

と言い、さらに、

「ナマムギナマゴメナマタマゴ、スモモモモモモモモノウチ」

と続けた。変なヤツだ。誰が教えたのであろうか。

街ですれ違う人が、

「コンニチハ」

と言ってくる。

「こんにちは」

と返すと、

「オハヨー」

と言い、さらに私が、

「おはよう」

と呼びかけると、

「コンバンワー」

と切り返してきて、キリがないので無視することにした。

日本語のあいさつを知らない人も、

「ハゥワユー」

と言い、私が黙っていると、

「ファインサンキュー?」

と勝手に答え、満足げに帰って行く。日本語に訳せば、

「おう、調子どう?」

と話しかけ、さらに、

「元気って言えよ、ありがたいやろ?」

と押しつけて去って行くのである。実に不思議な人たちだが、悪い気はしない。というよりも、なんとも居心地のいい街で、私はすっかりこの街が気に入った。

トズールにしばらく滞在した後、今度は南東部のタタウィンに移動した。

ここはベルベル族たちの昔の住居跡が残っているところでなかなか見ごたえがある。しか

し街自体はとても小さく、レストランは一軒しかなかった。これが実に問題なのだ。先ほども書いた通り、今はラマダン中である。しばらくチュニジアで過ごしてわかったのだが、ムスリムたちにはラマダン中、

・朝六時、日が昇る前に起きて朝飯を食べる。
・朝七時～夕方五時、適当に過ごす。
・夕方五時、いっせいに店を閉め家とかレストランに飯を食いに行く。
・食後はカフェなどでのんびり過ごして寝る。

という生活パターンがあるようだ。

あと「ラマダンだから」と言ってあまり働こうとしないのも特徴だ。

タタウィンに到着した日、私は夕方七時にその街で唯一のレストランに行くと、

「フィニッシュ」

と言われた。

なぜフィニッシュなのか解せないまま、翌日は六時にレストランに行くとまたもや、

「フィニッシュ」

一体、何時にこの店はオープンするのだ？　と聞くと、

「夕方五時」

と言う。

つまり彼らは太陽が出ている間断食しているので、夕方五時になると同時にレストランに押しかけ、一時間で品物は全部なくなるというわけだ。

私はこの二日間、お菓子とジュースのみで過ごした。私は普段からあまりお菓子など食べないほうであり、温かい食事が楽しみな人間である。そんな私にとって、この二日間は実に辛く、悲しい時間を過ごしたのだった。

しかしまあ、とにかくレストランの謎が解けた。よーし明日こそは温かい飯をちゃんと食べるぞーと気合いを入れ、翌日は夕方四時に宿に戻り、五時になると同時にレストランに行けるようにスタンバイする。

そして夕方五時の一〇分前、私は自分の部屋を出た。

よし、今日は間に合う。私は心を弾ませ、三日ぶりの温かいご飯に胸をときめかせながらホテルから出ようと、入り口のドアノブに手をかける。

ん？

カギが閉まっている。

しかも内側からは開けられないカギである。今はラマダン中で旅行者がほとんどいないため、きっと宿のおやじが店をほっぽりだして飯を食いに行ったのだ。完璧になめている。ちゃんと仕事しろ。

おーい、おっさん、開けろ！

と私は死に物狂いで叫び、ドアをバコバコ叩いた。しかしまったくもって反応がない。あるわけない、おっさんは外で飯を食っているのだ。

結局待つこと一時間、六時になっておっさんは満足げにレストランから帰って来た。おっさんに文句を言おうとしたが、時間がもったいないのでレストランへダッシュで駆けつけた……が、時すでに遅し、レストランの若者は、

「フィニーッシュ」

と言い、結局私はこの日もお菓子で我慢するしかないのであった。

国が変われば人も変わる。習慣も違えば考え方も変わる。

もちろん宗教もそのひとつであり、どんな宗教であっても、私は信仰する人々を素直に認め、そして彼らの考えを尊重していきたい。そんな私ではあるが、ぜひともムスリムの人々にひとつだけ疑問を投げかけたい。

なぜ私がラマダンしているのだ。

キッチン大使館　スペイン

チュニジアから飛行機でイタリアに渡り、フランスからスペインにやってきた。

スペインの首都マドリッドは危険な都市である。

だから本来ならマドリッドはさっさとかっ飛ばして次の街へと進みたいところだが、この街ではやらなければいけないことがあった。

モリタニアのビザの取得、である。

モリタニア……日本人にとってはかなりマイナーな国といっていいだろう。だいたいにして、「モリタニア」……この国名を聞いてすぐにどこにあるのか答えられる人はかなりマニアだ。なんのマニアかよくわからないが、どれくらいマニアックな国かといえば、例えば一般的に「マリ」という国がアフリカに存在することを知らない人は多いかもしれない。しかし、全国の「マリ」「マリちゃん」という女の子はアフリカに「マリ」という国があることをたいてい知っている。自分の名前によく似た名前は気になるものである。

でも、モリタニアの場合、きっと全国の「モリさん」「モリタさん」「モリタニさん」は、アフリカにこんな国があろうとは思わないはずだ。唯一、知っている可能性があるとすれば

「モリタニアさん」ぐらいだと思うけど、多分そんな名前の日本人はいない。アルジェリアが政情不安でビザが下りない現在では、サハラ越え唯一のルートであるため、モリタニアのビザが必要である。

しかし、現在モロッコとモリタニアの間にも「西サハラ」という国が独立するとかしないとかという問題があって、陸路での通り抜けができないことになっている。そのため本来ならモリタニアのビザの取得には航空券が必要ということになっているのだが、なぜかこのマドリッドのモリタニア大使館では航空券がなくてもビザが取れるらしい。

なぜ他国のモリタニア大使館では航空券が必要なのに、スペインのモリタニア大使館では航空券が必要ないのか？　もしかしたらものすごくチェックが厳しくて、厳正なる面接なんかがあるのかもしれない。だいたいにして、ただでさえアフリカ諸国はビザの取得が難しいのだ。私は正装に身を包み（ジーンズとフリースだけど）、眉間にシワなどを寄せてまじめな旅行者をアピールする作戦で大使館に向かうことにした。

早速日本大使館に行ってレターという推薦状を申請し、二日後にそれをもらった足でモリタニア大使館に向かう。大使館というのはその国の重要な施設であるため、たいていはでかい建物で警備も厳重だ。入り口などでは必ずボディチェックなんかがあり、パスポートを提示して大使館に来た理由などを問われて、そこで初めて大使館に入ることが許される。

調べておいた住所を頼りにモリタニア大使館に到着。古びてはいるものの、石造りのその建物は周辺に建ち並ぶマンションなどと同等の大きさを誇り、さすが国の重要施設である。私は眉間のシワを二倍にアップして、入り口のボディチェックに向かった。と、入り口のおっさんは寝ていた。おい。

しょうがないのでおっさんを起こす。

「すいません、モリタニアのビザを取りたいのですが」

「ん？」

なんだ、これはモリタニア大使館ではないのか？　私は疑問に思い、

「ここはモリタニア大使館ですよね？」

と聞くと、おっさんは、

「三〇一号室だ」

と答え、再び寝始めた。ただの一室か。

しかし油断は禁物である。ここでヘマをしてモリタニアのビザが取れなかったらサハラ越えはできなくなるのだ。エレベーターで三階まで上がり、三〇一号室の呼び鈴を押した。しかし何度押してもいくら待っても全然応答がない。もしかしたら重要な会議でも行っているのかもしれないと思いしばらく待っていると、後からやってきた男が呼び鈴も押さずに勝手

にズカズカとドアを開けて入って行ったので私も一緒に入って行った。結局ボディチェックもなにもなかった。

　中に入るといきなり台所があった。茶碗が転がっている。ただのアパートやんけ。館内（といってもアパートの一室だけど）は四室に分かれており、各部屋に一人ずつ館員らしき人がいたので一番奥の部屋の人に、

「ビザがほしい」

　と言って尋ねると、

「隣に行け」

　と言われ、隣の部屋に行くとさらに、

「隣に行け」

　と言われ、さらに隣の部屋に行くと、

「隣に行け」

　と言われ、またしても隣の部屋に行くと、

「隣に行け」

　と言われたのでその隣の部屋を覗くと台所だった。

　茶碗を洗えばビザが取れるのであろうか。

結局最初に訪れた部屋のおばはんに頼みこむとビザの申請用紙がもらえた。最初からくれ。で、その申請用紙がまたしても問題で、アラビア語とフランス語表記のみで英語表記がない。パスポートナンバーや名前、住所なんかはフランス語からなんとか推測しながら記入できたのだが、他はさっぱりわからん。おばはんに、

「私はフランス語がわからない。ここは何を書けばいいのですか?」

と聞くと、

「私は英語がわからない。隣に行け」と言う。隣の部屋に行き同じ質問をすると、

「英語わからん、隣に行け」

と言われ、さらに隣の部屋に行くと、

「隣に行け」

と言われ、隣の部屋に行くと、

「英語わからん、隣に行け」

と言われたので隣の部屋に行くと台所だった。茶碗が寂しく転がっていた。

結局誰ひとり英語を話せる人がいないようなので、空白の欄には適当に「TOURIST、BUS、NINJA」などと書いておき、おばはんに提出すると、

「五日後に来い」

とだけ言われ、無造作にパスポートを奪い取られた。

五日後に再び大使館に行きおばはんを訪ねた。

「ビザを申請したのですが」

私がおばはんに言うと、おばはんは怪訝《けげん》そうな顔をして、

「隣に行け」

と言い、隣の部屋に行くとさらに、

「隣に行け」

と言われ、さらに隣の部屋に行くと、

「隣に行け」

と言われ、またしても隣の部屋に行くと、

「隣に行け」

と言われたのでその隣の部屋を覗くと台所だった。

茶碗を叩き割りそうになった。

よくわからないけど、ビザをゲット。

ある意味、難解であった。

デンジャラス・ヒッチ　西サハラ

モロッコのマラケシュから西サハラのダクラまで、バスで約二六時間、モロッコで合流した日本人M君と一緒に一気にモロッコを縦断してきた。

西サハラは現在モロッコからの独立問題を抱えており、非常に危険な地域だ。モロッコとの国境間では何度も警察がパスポートチェックを行い、とても物騒な雰囲気である。朝方、バスが国境を越え西サハラ領内に入ると、

「われわれはモロッコではなく西サハラです」

と言わんばかりに赤い国旗が乱立しているのが見受けられる。

さらにバスは走る。途中はずっと砂漠であり、ところどころ集落らしきものが見えるがかなり寂しい感じである。西サハラ国境の町ダクラに到着した日は疲れていたのでさっさと夕飯を済ませて寝てしまい、翌日、モリタニアに向かう車を探した。

この西サハラとモリタニアの国境は現在バスなどの定期便はなく、ヨーロッパからの車の旅行者を見つけるか、現地の商売をしている車をヒッチハイクして越えるしかない。なんでもこのルート、ずっと砂漠が広がっているのみで、西サハラ側の国境までは一応道路がある

のでそれほど問題ないらしいが、モリタニア側からは道なき道を走るそうである。さらにモリタニア側の砂漠にはいまだに地雷が埋め込まれているそうだ。一歩間違えば遭難そして爆死の怖《おそ》れさえある危険なルートだが、現在サハラ砂漠を縦断できるルートはここ一ヵ所だけであり、そしてその分、この間に広がる景色は「月の砂漠」と呼ばれるほどすばらしいらしい。

とにかく危険なルートなので、ヒッチハイクする運転手選びは非常に重要かつ慎重を要する。われわれの出発予定は明日であり、今日は翌日国境越えをする旅行者を見つけ、乗せて行ってもらう約束を取りつける必要がある。

探しまわった結果、二人のフランス人旅行者を見つけた。二人の名は「フィリップ」と「フランク」。フィリップは四〇歳近いレゲエマンで、あまり英語は得意ではない。フランクはブラッドピットに似た感じのいい男で、歳もわれわれと同じくらいであろう。彼らはそれぞれ車でやって来て、ここで知り合い一緒に国境を越えるらしい。とても頼りになることに、フィリップはあまりうまくない英語で、

「おれは昨年もこの国境を車で越えたぜ」

と言い、

「任せておけ」

と自信満々である。不安だった国境越えだが、なんだかこれは安心してもいいのではないだろうか。われわれはひとり五〇ドル払うことで乗せてもらう約束を取りつけた。どうせヒッチハイクといってもお金は払わなければいけないし、二日間車に乗せてもらうことを考えればそれほど高い金額ではない。なんといっても「去年行ったことがある」という経験が頼りになる。こういう未知な世界では経験だけが頼りになるのだ。

翌日、待ち合わせの時間に荷物を担いで行くと、二人のほかにも同乗者が増えていた。セネガル出身の黒人モハメド、そしてフィリップの愛犬トゥドゥーだ。車はどうせ二台あるし、これくらい増えてもどうってことはないだろう。それよりモハメドという現地に詳しい人間が仲間になったのはなによりも心強いものだ。フィリップの愛犬トゥドゥーはどうも心をつかめない犬で、あるときはじゃれてきたかと思うと、突然吠え出して嚙《か》み付いたりしてくるバカ犬だ。

全員揃ったところでみんなで買い物に出かけた。インターネットで調べた情報によると、

「予備のためにも二〜三日分の食料が必要」

なんて書いてあるが、フィリップは、

「どうせ明日の昼にはヌアディブ（モリタニアの街）に着くんだ。今日の夕飯だけでいい」

と言う。まあ彼がそういうなら安心だし、余計な買い物をしても無駄になるだけなのでこ

れでいいだろう。

昼の一時頃、ようやく出発する。私とM君はフランクの車に乗りこみ、フィリップの車の先導のもとにガンガン飛ばした。道はほぼ全面舗装されており穏やかだ。周囲にはすばらしい光景が広がる。見渡すかぎり砂漠であり、ところどころにある丘は月のクレーターのように見えた。なるほど「月の砂漠」である。二時間ほど走ると今度は左右に砂丘が見え、モロッコなどで見た赤い砂丘とは違って、真っ白な砂丘である。

サハラ砂漠の多様な顔を眺めているうちに、車は五時間ほど走り、日の暮れる前に国境にたどり着いた。予定通りである。この日は国境で野宿をして、昼間に買った野菜類でタジン(代表的なモロッコ料理)をつくり、その後みんなでわいわいと騒いだ。実に楽しい一日であった。

翌朝、西サハラ側の国境を通過。そのままモリタニア側の国境を無事通過して、再び車に乗りこんだ。ところがこれまでの道と一転して、モリタニア側はほとんどただの砂漠である。一応未舗装の道路はあったようなのだが、砂が風で舞って道を覆ってしまうためほとんど意味がないようだ。車が何度か砂にタイヤをとられてスタックする。そのたびにみんなで車を押してなんとか脱出を繰り返し、最初の予想通りのハードな道のりが続いた。

そして二時間ほど進んだところで、今まで頼りにしてきた轍《わだち》が突然消えた。どうやら砂の中に埋まってしまったようである。先導して走るフィリップの車が迂回して別のルートを通るので、われわれの車もついて行く。

それにしても、「見渡すかぎりの砂漠」「道なき道」なんて言葉は響きこそいいが、こうやって車に乗っていると実に不安なものだ。なんせ進めど進めど、景色が同じなのである。どっちの方角に進んでいるのかわからない。どこに地雷が埋め込まれているかわからないのである。こんなときあのフィリップの、「任せておけ」のひと言が実に心強い。

さらに三〇分ほど走ったところで、フィリップの車が停車したのでわれわれも車を停めて車内で待っていると、フィリップが近寄ってきた。

「ハードな道が続くねぇ、あとどれくらいで街に着くんだい？」

という私の質問に彼はおもむろにつぶやいた。

「どこだ、ここは」

おい、こら、全然頼りにならないではないか。

仕方がないのでそのまま車を停めて、みんなで分散して道を探した。結果、フィリップが、

「ごめんごめん、道を見つけた、こっちであってるぞ。ノープロブレムだ」

と叫び、再び車に乗りこみフィリップが見つけた道を進む。まったく人騒がせなフランス人である。あいかわらず正規の道は砂に埋まっているようで、かすかな轍だけを頼りに進む

こと三〇分、再びフィリップが車を停め、こっちの車に近寄ってきた。

「どうだい調子は?」

という私のアメリカンな態度に対し、彼はおもむろにつぶやいた。

「バッドだ」

「はあ?」

「完璧に迷った、どこだかさっぱりわからない」

フィリップ。私には君のあの自信がわからんぞ。

フィリップの顔色はすっかり青ざめている。まったくもって頼りにならない男である。

われわれはこの時点でほとんどの飲食物を失っていた。昨日フィリップが、

「一食分で充分だ」

と言ったひと言を信じたせいである。こんな男信じるんじゃなかった。

ところでわれわれは生きてこの砂漠を出られるのであろうか? 少なくとも国境付近まで戻るとか、そういうことは可能なのだろうか? 「砂漠に散る」といえば響きはいいが、よく考えたらその前に渇死であり、餓死である。なんかカッコ悪いぞ。不安になってきたので
フランクの顔色をうかがうと、彼はすっかり顔を真っ赤にして、

「まったくあいつは頼りにならん」

と仲間割れを起こしている始末である。これだから短気なフランス人はどうしようもない。二人はまったくあてにならないが、やはりこういうときは現地の人が一番状況を把握しているであろう。そう、われわれにはモハメドがいるのだ。

こうして、大丈夫なのか、どうなのか、私はじっとモハメドの顔色をうかがうと、モハメドの顔は真っ黒でさっぱりわからなかった。どっちなのだ、モハメド。

その後、われわれはさまよい続け、来た道を引き返すことになった。朝から何も食べていなかったので空腹感も絶頂であり、あの憎らしく見えたバカ犬すらもうまそうに見え始めた夕方頃、われわれは運よくひとりの現地ガイドを発見し、結局彼を雇ってなんとかヌアディブに到着したのであった。

相互理解への道　ブルキナファソ

マリからブルキナファソ第二都市ボボデュラッソに到着したとき、われわれはすっかりくたばってしゃべる気も起こらなかった。西アフリカの移動はハードだ。

そういえば、ブルキナファソである。一体どこなのだブルキナファソ、という人もたくさんいるだろう。たしかに日本にはなじみの薄い国だ。私も最近までどこにあるのかさっぱりわからなかった。

「そんな国のガイドブックなんてあるの？」

という疑問の声もあるだろう。たしかにアフリカのガイドブックは日本にはあまりなく、あってもエジプトとかケニアとかモロッコなど、観光客が多そうなところぐらいだ。

私はアフリカ旅行中『ロンリープラネット』というガイドブックを使っている。これはオーストラリアの出版社が出しているガイドブックでいろんな地域をカバーしている。欧米人のバックパッカーはたいていこのガイドブックを使って旅行しているので、欧米人の旅行者と出会ったときの情報交換などにも便利だ。私が使っている『ロンリープラネットアフリカ版』は、けっこう分厚くて重量もそれなりにあるのだが、これ一冊でアフリカ全土をカバーしているのでとても重宝している。欠点といえば、写真がまったくなくて、全部英語だということだ。まあ、「英語」と聞くと拒否反応がある人もいるかもしれないが、なんといってもほぼパーフェクトなイングリッシュスピーカーといわれる私である。暇なときは愛読書であり、睡眠薬がわりでもある。

早速ボボデュラッソの街に繰り出すことにした。とりあえず小手調べに『ロンリープラネット』の「ボボデュラッソ」の説明文を見ると、

「ピープルはベリーフレンドリー」

と書いてある。英語が苦手な人もいると思うので要約すると、

「人々はとてもフレンドリーだ」

ということで、念願の現地人との会話が楽しめそうである。さらに読むと、

「グッドなアトモスフィアー、プレザントでリラクシングなプレース」

とも書いてあり、これも英語が苦手な人のために要約すると、

「とにかくよい」

ということだ。リクライニングの利いた都市であることをうかがわせる。

そういえばブルキナファソの前に訪問していたマリは西アフリカで一番の観光国なので、近寄ってくる人間すべてが面倒くさかった。話しかけてくる人はほとんど金目当てであり、

彼らについて行くと必ずといっていいほど全然興味がない土産物屋なんかに連れて行かれ、ゴミのようなお土産やお土産に見せかけたゴミ、ゴミのようなゴミ、完全なゴミ、などを私に売りつけようとしてくるのだ。しかもその物売りもみんなフランス語しか通じず、私のパーフェクトな英語はまったくもって通じないのでどうすることもできなかった。それに比べてブルキナファソという国は観光地らしきものはいっさいなく、それはそれでどうかと思うのだが、ガイドブックによると人がよさそうなのでのんびり過ごせそうである。ところが、である。市場に行った帰りに早速、

「ハロー　フレンド」

と、珍しく英語で声をかけてくる男がいたので、お、これはマリでは経験できなかった友好的な旅ができるのではないか、と思ってついて行った。するとなにやらガラクタがたくさん並んでいる店に連れて行かれ、そのガラクタを「お土産だ」と言って私に売ろうとする。マリと一緒だ、もっとましな嘘をつけ。

どうもアフリカ人がわからない。

私がアフリカに来る前のイメージとしては、アフリカ人はフレンドリーで素朴で旅行者なんかにとっても優しく接してきて友好的で、アフリカはきっと楽しい旅になるだろうと思っていたのだが、話しかけてくる現地人のほとんどが旅行者の金目当てであり、まったくもっ

て楽しくない。ここで並みの観光旅行者なら、きっと、

「アフリカ人はだめだ」

なんて決めつけて、おそらくそれで終わってしまうところであろうが、ここはやはりスペシャルな旅行者の私としては、お互いに理解しあうことに旅の重きをおいているのであって、これはきっと私が、

「なにかアフリカ人の文化を誤解しているのではないか？」

という考えに行き着いた。私が彼らの文化に対してどこか順応していないため、そういうフレンドリーな人たちがあまり寄ってこないのではないかと思ったわけだ。

本来ならこういうとき、分厚い文献や資料、論文などを熟読し彼らの文化について理解を深めたいところだが、残念ながらここにはそんなものはないので、仕方なく手元にある『ロンリープラネット』の「カルチャー」の項目を開くと、

「ユーがマイトでなんとかこうとか、クラティシズムすれば彼らはきっとアンスパングリー」

と書いてあり、英語が苦手な人のために要約するのはスペースの都合上やめておくが、私は、

「なるほど」

と思い、ガイドブックを閉じた。

夕食の買い出しに再び市場へと向かった。途中で知らない男に、

「ハロー　フレンド」

と呼ばれるのでついて行ったら色彩豊かなガラクタを売ろうとしてきた。少し前の私なら、またか、と思って少々気分を損ねるところであるが、私の脳裏には先ほど学んだデータが反映され、

「これはきっと私がまだクラティシズムしてないので彼らもきっとアンスナントカになっていないのだ」

と納得した。

さらに市場で野菜などを購入していると、

「おう、ジャパニーズ、おれは日本のタカオと友達だ。タカオは元気か？」

と話しかけてくるアフリカ人がいた。私はタカオなんて全然知らないし用もないので無視して歩いて行くと、

「おれはケイコというビューティフルなガールとも友達だ。どうだ、日本で彼女に会わないか」

と言うので、ちょっと用件を思い出し立ち止まると、本当に奈良県出身のケイコらしき人

物の電話番号を渡された。

「ケイコは私の友達だからお前の友達だ。おれはモンバだ、よろしくな」

と言う。なるほど、そんな顔だ。

「私はマイトだ」

「オゥ、それはグッドな名前だ。出身はどこだ、東京か？　大阪か？　奈良か？」

「違う、福井だ」

「知らないなぁ、でもいいところなんだろうな。お前はいいヤツだ」

どうやら第一印象はばっちりのようである。

「ところでマイト、どうだアフリカは？　いいヤツが多いだろう」

「うーんそうだな……」

私がその答えに迷っていると、彼は察したのであろう、

「わかる、わかる、みんなマネーマネーと言ってくるのだろう」

と言うではないか。そして彼は、そんなアフリカ人を自分はあまり好きではなく、自分はそういう人間ではない、単に日本人が好きで話したいだけで、

「タカオやケイコも私の家で一ヵ月くらい過ごしたのだ。日本人はほんとにいいヤツが多い」

と言った。なんだか変な名前だが、いいヤツのようだ。私は、

「アフリカ人を誤解していたようだ。お前の言った通り、今までみんなマネーマネーと言い寄ってくるのに私はうんざりしていたのだ。モンバは違うようだ。これからもよろしくな」

と言うと、モンバは、

「おれはお前にそう言ってもらって嬉しいよ。そうだ、タカオが私にくれた本があるんだが日本語の本なので私には用がない。明日それをお前にあげよう」

と言った。物をくれと言われたことはあっても、あげると言われたのは初めてだ。

われわれは音楽の話などをしながら友好を温めた。なんだかこういうことはセネガル以来初の体験であり、とても気持ちのよい一日であった。あれだけ苦手に見えたアフリカ人たちの顔も今日は少し美しく見える。ついに私はアフリカ人との相互理解への道を一歩踏み出した。もちろんこれには英語の本なんかを愛読書がわりに読む私の普段からのたゆまぬ努力、そしてその英語力が決め手になったといって過言ではない。さらにいうなら、どんなことがあっても常に相手のことを理解しようとする謙虚な姿勢と性格が最も関与していることは誰の目から見ても明らかであり、そこがスペシャルな旅行者といわれる所以《ゆえん》であり、みんなにもぜひ見習ってほしいというかなんというか、さすがは私だ、すばらしい。サバンナの乾いた風が今日も心地よい。

ちなみにケイコはタカオの妻であったので電話番号は捨てておいた。

翌日待ち合わせの場所に行くとちゃんとモンバは私を待っていた。モンバが、

「日本語わからないからもらってくれ」

と持ってきた本は、「イスラム世界とその宗教観」という中身が漢字だらけの一冊。私が読んでも多分わかりそうもない本であり、なぜにタカオがこんな本をモンバに贈ったかは謎だが、とにかく私は、

「ありがとう」

と言ってその本を受け取った。モンバは、

「どうせ私には読めないからいいんだ。私もその本を日本人に受け取ってもらって嬉しいよ。早速彼らにメールでも送ることにするよ」

と言った。まあいい考えだ。謎のタカオとケイコだが、きっとモンバが彼らを通じて私のような好青年と出会ったことを聞けば喜ぶかもしれない。

「ところでマイト、この街でインターネットしたことあるか？」

「いやまだだ、後でやろうと思っている」

「実は少し問題があるのだ」

どうしたのであろう、もしかしてここは田舎だからインターネットなんてないのであろう

か。もしここでメールを送れないなら私がどこか他の場所に行ったときに代わりに送ってあげてもいいぞ……と私が心配していると、彼は言った。

「高いのだ。彼らにメールを送るために五〇〇〇フラン（約一〇〇〇円）くれないか」

……お前も一緒やんけ。

日本代表　ガーナ

ガーナの嬉しいところは公用語が英語のため、小さな子供以外なら、誰とでも簡単にコミュニケーションがとれることだ。この国には全部で七五以上もの言語が存在するため、同じ部族以外の人と話すときは全部英語でしゃべる。独特の訛りや単語があるため少々聞き取りづらいが、誰とでも会話することができるのは嬉しいかぎりだ。

クマシは、西アフリカ最大といわれているマーケットが最大の見所の街だ。私の泊まった宿には自炊できるキッチンがあったので食糧を買いに行ったが、それにしてもこのマーケットは広い。そのほとんどが生活用品で、古着や自転車なんかも売っている。

ぶらぶらと歩いていると、

「ホワイトマン、ホワイトマン」

と呼びかけてくる。最初はホワイトマン（白人）と呼ばれても私のことだとは気づかなかったが、どうやらこれは独特のガーナ英語で、われわれ東洋人も白人扱いのようだ。他にも「アイム　カミング」というのは、「ちょっと待って」という意味のガーナ英語で最初はわからなかった。

観光客もそれなりに来るようだ。普通ならそういう場所は人がスレていて面倒なのだが、ガーナ人は正直な人が多く、その辺の人に、

「トマト買いたい」

と言ったら、

「あっちに売ってるよ」

と教えてもらい、そこに行って、

「トマト一キロ欲しい」

と言うと、勝手に二、三個おまけしてくれた。さらにタマゴを買おうとさまよっていると、

「ハロー、ハロー」

と声をかけてくる女がいて、相手が若い女性だったため念のため確認するとタマゴを売っていた。

「タマゴいくらだ？」

「一個一〇円」

「ちょっと高い、まけて」

「マイ　ダーリン」

「二個もらおうか」

「ユー　ハンサム」

「やっぱり六個くれ」

「マイ　ハズバンド」

　こうして正直者のガーナ人との友好を深めた私であったが、宿に戻って食事をつくっていると、さっき買ったタマゴは腐っていた。

　この街は比較的涼しくてとても過ごしやすい。たまたま朝早く起きた日があって部屋の前の通路でタバコを吸っていると、この宿に遊びに来ていたガーナ人に声をかけられた。彼の名はヤーヤ。変な名前だがテンションの高いいいヤツだ。彼は将来弁護士になるために勉強している学生だが、ラジオのサッカー番組でＤＪもやっているらしい。私が日本人だと言うと、ワールドカップがもうすぐだということですっかり盛り上がった。

「日本のナカタはグッドなプレーヤーだ。しかし私は他のプレーヤーを知らない。次にうまいヤツは誰なんだ？」

　と聞くので、

「オノだ」

　と答えると、ポジションはどこだとか、どこで彼はプレーしている？　などと聞くので、

「ポジションはＭＦだ。オランダでプレーしているよ」

と教えると、

「あっ、思い出した。彼はナイジェリアで行われたＵ-20の大会に出ていなかったか？」

と言う。たしか日本のユースチームが準優勝した大会だ。さらに、

「思い出した！　タカハラは？」

と言う。あんな大会に出ていた選手を覚えているなんてかなりサッカー通である。さらに、

「思い出した！　チョコムカーは？」

と謎なことも言った。私は元サッカー部なのでそれなりにサッカーには詳しいつもりだったが、チョコムカーなんていう選手は聞いたことがない。チョコボール向井のことだろうか。しかしチョコボール向井はＡＶ男優だ。

「それは日本人か？」

と私が聞くと、

「そうだ、彼は体が大きいくせにテクニシャンなのでガーナでとても有名だ」

と答えた。

「チョコムカーは有名で、日本人のお前が知らないはずはない」

と言う。

その日の午後、ヤーヤが再び私の宿に遊びに来て、

「お前はサッカーに詳しい。明日、私の出演している番組があるので一緒に出ないか」

と言う。おもしろそうだ。どうせ、こんな適当に出演してもいい番組なんて彼の大学内のサークル活動みたいなものであろう。私は出演を快諾した。

なお、チョコムカーは本当にガーナで人気のある選手らしく、この後も何人かのガーナ人に同じことを言われた。おそらく中国人か韓国人だと思われるが謎のままだ。

翌朝七時半にちゃんとヤーヤは私を迎えに来た。スタジオに向かうタクシーのなかで、

「今から行くラジオ局はガーナで一番大きなFM局だからな」

と言う。また適当なことを言ってるなぁと思い到着すると、五階建てのちゃんとしたビルで、たしかにこれは大きなFM局っぽい。彼は私を連れてくる話をまだ担当者に伝えていないらしく、

「一応、簡単な面接みたいなものをメインDJの人とやってから出演できるかどうか決まるから」

と言った。そりゃそうだ、こんな大きな番組に私が出演していいわけがない。だいたいにして全部英語である。聞き取れる自信がない。

早速ラジオ局に入ると、ヤーヤがメインのDJという渋いおっさんを紹介した。

「彼はここクマシで一番有名なＤＪだ」

とヤーヤが言う。なんだか緊張するぞ。おっさんは、

「私はナントカ（名前忘れた）だ。ナイストゥミートゥ。英語は話せるかね？」

と言うので、

「少し」

と答えると、

「名前は？　年齢は？」

と聞かれ
「名前はトシです、二六です」

と答えると、

「わかった、どうやら君は英語が話せるようだ。今日はよろしく」

とおっさんは言った。どうやら私は面接に合格したようだ。ほんとにいいのだろうか。そしてすぐさまスタジオに連れて行かれた。スタジオのなかはちゃんとした機材が並んでいて、おかげで軽い気持ちでラジオの出演を承諾したことに少々後悔すら覚える。ヤーヤがそこに座れと私に言った場所は、どうやらメインＤＪの真向かいである。私が、

「何をすればいいのだ？」

と聞くと、ヤーヤは、

「聞かれたことに答えればいいだけだ」

と言い、さらに、

「LIVE（生放送）だからがんばって」

と言った。打ち合わせも台本も何もない。おちょくっている。

が、スタジオには私と有名DJ以外にもガーナ人が四人ほどいて（ヤーヤもその一人）、ちょっと安心した。これなら二言三言話すだけのチョイ役だろう。

そしていきなり番組は始まった。

「グ――――ッモーニング、エブリバディ！！！　みんな元気にしてるかーい？」

アフリカ人は朝からでもテンションが高い。DJの陽気なノリで始まった。

「今日もサッカーの話でみんな盛り上がろうぜ――――イエィ！」

言っていた通りサッカーの話だ。

「そして今日はスペシャルなゲストを呼んでいるぜー!!　みんな彼にどんどん質問してくれよ！！！」

誰だ？　スペシャルゲスト。

イヤな予感がする。

「それでは紹介しよう、来月のワールドカップ開催国のジャパーンからやって来た――――!!」

得てしてそういう予感は当たるものだ。

「ミスタ――、ト――シ――!!!!!!!」

思わずスタンハンセンばりに「ウィー」とかやりそうになったがやめておいた。できることなら目立ちたくない。

「ア、アイム　トシ。ア、アイ　ライク　フットボール。ナ、ナイス　トゥ　ミー　トゥ」

「サンキュー　ミスター　トーシー」

こうして番組が始まり、最初の三〇分ほどは最近のサッカー関連のニュースを四人のガーナ人が順番に読み上げた。

この間、私はとくにやることはなかったのだが、ひとつ気づいた点は彼らが何を言っているのかさっぱりわからないということだ。ガーナ人は公用語が英語だから流暢に話すし、そのうえＤＪがノリノリで話すため早口で聞き取りづらい。さらに彼らは独特の訛りのある発音をする。

ニュースが終わると次は視聴者の電話相談みたいなコーナーが始まった。スピーカーからはガーガーという雑音のなか、曇った声が聞こえる。ときどき「ナカター」とか「イタリー」とかいう単語は聞き取れるが、何を話しているのかさっぱりだ。と、突然ＤＪが私のほうを向き、

「というわけで、早速答えてあげてくれ――ミスタートシ――!!」

と私を指名するではないか。わかるか。

ラジオなので声を出したら全部放送されてしまうので、私は必死にゼスチャーで生放送だけど「カット・カット」と伝え、いったんヤーヤを呼んでスタジオの隣の部屋に移った。ヤーヤは不思議そうな顔をして、

「どうしたんだ？」

と聞く。

「何言ってるかさっぱりわからん」

「そうかもな、ツゥイ語（現地語）も混ざってるからな」

なおさらわかるか。

「何を言ってたんだ？」

「ナカタはイタリアで活躍しているが、彼は空手が強いのか？　と聞いていたんだ」

そんなもん知るか。

「とにかくこの後はどうすればいいのだ？」

と私が聞くと、

「わかった、紙とペンを用意するからわからなかったらこれに書いて」

「そうしてくれ」

こうして話はいったん落ち着き、再びスタジオに戻る。

早速ＤＪが、

「ミスタートシー、準備はオーケーか？」

と話を振るので、一応、

「オ、オーケー」

と答える。またしてもスピーカーからはガーガーという雑音のなか、曇った声が聞こえ、今度は「ジャパーン」とか「スタジアム」とかいう単語は聞き取れるが、やはりなにを言っているのかわからない。早速紙に（聞き取れない）と書くと、ヤーヤは紙に、

（日本のスタジアムの建設費はいくらだ？）

と書く。そんなもん私が知るわけない。が適当に、

「一〇〇億円」

と答えると、電話から、

「サンキューミスタートシ」

と聞こえ、周囲から拍手が鳴り電話が切れる。こんな番組でいいのか、ガーナ。さらに電話が続く。

わからないので紙に書いてもらう。

(日本代表はどこまで勝ち進めると思うか?)

「決勝トーナメントに行って欲しいと思っている」

こうして番組は盛り上がり、番組終了後にはメインＤＪもヤーヤも大変喜んでいた。複雑な気分である。

その後昼食を食べにヤーヤと一緒にマーケットに出向くと、ヤーヤと一緒にいるということで私の正体はばれてしまい、

「ラジオ、おもしろかったぞ」

と多くの人に言われた。どうやらかなりの有名番組だったようだ。

アラーキの兄貴たち　ブラジル

サンパウロで私が泊まった宿は、通称「アラーキ」という日本人宿だ。チェックインするときにおばはんに、

「日本人いますかっ？」

と聞くと、

「今はシーズンオフだから少ないけどね」

などと言うくせに二〇人もいるという。定員はなんと六〇名だそうだ。

さらにこの二〇人はかなりの曲者《くせもの》ぞろい。みんなそろって一ヵ月どころか三ヵ月くらいはこの宿に浸《ひた》ったままであり、昼間から将棋や麻雀なんぞをやっている。とても入っていけない雰囲気だ。聞けば、彼らは旅行などまったくやっていないのであり、まったく何をやっているのだろうか。平均年齢も四〇歳くらい、三五歳が最年少だという。というわけで、私はダントツで最年少である。

滞在二日目の夜、私がキッチンで自炊していると、居間で麻雀をしている彼らの話し声が聞こえてきた。聞き耳を立ててみると、

「あー、腹減ったなぁ。そろそろなんかつくろうかな。今って誰かキッチン使ってる?」

「あー、さっき通ったとき、昨日来た〝若い兄ちゃん〟が使ってたよ」

などと言っている。

しかしなぜ、彼らはこんな街にダラダラと長居しているのだろうか。たしかに日本語の本やNHKが見られるという点では過ごしやすい宿ではあるが、南米には雄大なる大自然や神秘的な古代遺跡がたくさんあるのにもったいなくはないだろうか。サンパウロというところはガイドブックを見るかぎり見所なんてまったくなく、私はさっさと次の街へ移動しようと思っていた。しかしこれだけの大人数が長期滞在するには何か理由があるはずである。もしかしたらここサンパウロにはガイドブックに載っていないような素敵なスポットがあるのだろうか。

そこである人に、

「なぜみんなここに長居しているのですか、サンパウロってどこかいいところあるんですか?」

と質問すると、

「あ、おれ、〝アラーキ〟の周辺以外、全然行ったことないからわかんない」

と言う。しかし、私の持っているガイドブックにはサンパウロには博物館とか美術館や公

園などしか見所がなく、この人たちがその辺に興味があるとは思えず、

「いつも何してるんですか？」

と聞くと、

「時間つぶしてる」

と言う。まったくどうしようもない。

「こんな宿に長居してはいけない。さっさとこんな街は出て行こう」

と私はすばやく決意した。こんなところでダラダラ過ごすようでは人呼んで「風の旅人」、またの名を「若い兄ちゃん」と呼ばれる私の名が廃《すた》るというものだ。

しかし翌日市内を散歩して帰ってくるとまたしても居間から、

「いや〜、今日も楽しかった」

という声が聞こえる。むむ、やはりサンパウロには素敵な場所があるのだ。

私はすばやく彼らに近づき、

「えっ、どこか楽しいところあるんですか、教えてくださいよ」

と尋ねた。ところが彼らは目配せしながら、

「君も街を歩けばわかるよ」

としか教えてくれない。

本当にそうなのであろうか？　今日も一日街の見所らしき公園などに行ってみたが、たいして目新しいものはなかった。どうも私があまり溶け込めていないせいなのか、それとも若い兄ちゃんだからなのか、なんだか肝心な部分をはぐらかされている気もする。

翌日もサンパウロ市街を散歩した。と、「アラーキ」のすぐ近くに日本人街を発見した。昨日はメトロに乗って出かけていたのですっかり見落としていたようだ。西洋人向けのガイドブックしか持っていなかったため気づかなかったが、意外な盲点であった。

この日本人街には、日本と同じような商店が建ち並び、ちょっと田舎のさびれた商店街といった感じだ。しかし店には日本の食品や、日本のＣＤ、日本の雑誌などが並び、店の人もみんな日本人、当然日本語で会話する。なんだかこんな地球の裏側までやってきて日本と同じ文化が存在するというのは不思議な、そして少し新鮮な感覚だ。実は私は日本人街というのを訪れるのは初めてなのだ。

そしてこの日本人街を歩いているとき、彼らがなぜこのサンパウロという街に長居しているか？　ということが理解できた。

納豆、である。

なんとここサンパウロには日本のそれとまったく同じ、まさに世界を代表すべき食品である納豆が販売されているのだ。これまで世界を旅すること学生時代から約七年、世界広しといえども納豆を売っている場所なんてどこにもなかった。正直これには感動した。

そーか、そーか、これはたしかにみんなサンパウロにはまるわけだ。私もとりあえず二パックほど仕入れ、先ほど「さっさとこんな街は出て行こう」などと言ったのはどこへやら、他にもソバとか豆腐とかチキンラーメンといった貴重な品をたっぷり仕入れて宿に戻ることにした。

宿に戻ると目を輝かせて戻って来た私を見てタオパイパイさん（仮）が、

「どーや、サンパウロいいところやろ？」

などと聞いてくるので、

「いやー、すばらしいですね」

と答えると、タオパイパイさんは過去にも一年以上南米を旅行した話を聞かせてくれた後、

「いろいろ行ったけど、サンパウロが一番だぞ」

とも言う。そうかもしれない。たしかに南米広しといえども、納豆をおいている街なんてサンパウロくらいであろう。さらに話を聞くと、

「だからみんな三ヵ月をここで過ごし、日本に帰ってちょっとお金を貯めてはまた直接サンパウロに戻って来るんだ」

と言う。そうだったのか、みんな納豆が好きなのだ。だからわざわざ日本で働いて金を貯

めてはサンパウロに戻って納豆を食べ、金が尽きると日本に戻り働く。そして金が貯まるとまたしても納豆を食べにサンパウロに……ん？

日本で食えるやんけー。

何のために彼らはブラジルにリピートして訪れているのか。気になる。気になるぞ。仕方ないのでこの人たちの将棋の相手をしてやることにした。こうやってフレンドリーを装って、秘密の情報を探るのだ。

ところで私は、知らない人が見るとかなりアホっぽい人のように見え、また、よく知っている人が見てもかなりアホだと断言されるが、なんと将棋がめっぽう強い。小学四年生から中学三年生までの六年間、「福井県小中学生将棋大会」ではなんと一度しか負けておらず、自分のなかでは「天才将棋少年」の名をほしいままにし、全国大会では宿の女将や同じ全国大会出場組に、

「色黒いし、アホっぽいし、弱そうだね」

とか言われまくった。みんなして言うな。

その後思春期を経て、将棋が強くても女にもてないということに気づき、さっさと引退したわけだが、もちろんこんな素人どもに負けるわけもなく、何度か将棋を繰り返すと、ほどなく私の呼び名は、

「カンピオン（スペイン語でチャンピオンの意味）」となった。

こうして、傍目《はため》から見ればまるで私はこのグループを取りしきる人間のようにも見えるほどに、彼らと打ち解けたフリをすることに成功した。数日も経過すると、彼らがここに溜まっているのはやはりブラジルの女の子にはまっていて、それぞれ彼女なんかをつくっているのでこの宿を出られないということがわかった。作戦成功だ。

その後は私が輪の中に打ち解けたという安心感もあってか、彼らは宿に帰ってくると今までのようにこそこそせずに私の前でも堂々と、

「いや〜、やっぱり僕の彼女はかわいいよ。はまっちゃったね」

などと大喜びしているものもいれば、

「いやいやうちの彼女なんてお前のよりもっとかわいいよ。しかも俺の虜《とりこ》になってるよ」

と謎の笑いを浮かべてのろけている人もいる。

私は彼らを誤解していたようだ。現地の女性たちをあるときは虜にし、あるときは追いかける、そんな甘い恋愛を繰り広げるのもたしかに人生の楽しみ、観光どころではないというのもうなずける。これはぜひその手段を伝授願いたいところだ。そこで、

「みなさん、ポルトガル語話せるんですか？」

と聞くと、

「全然」

と言う。ではなぜみんながみな、そのように甘い恋愛を繰り広げられるのであろうか。

と、ある人は、

「ブラジルでは日本人はもてるんだよ」

と言う。たしかにこれまで、この私にすら美女たちの熱い眼差しを感じた経験がある。だから日本人がかなり人気だというのは感じなくはない。が、私の場合毎回言葉が通じずまったく意思疎通ができないので、結局それ以上は進展しないのだ。

「でも、それならどうやって美女たちを彼女にまでもちこむんですか。そんなに熱中させられるんですか」

そんな私の疑問にひとりのおっさんは、

「カンピオンよ、お前はまだ若いからわからないかもしれないが」

と前置きした後、

「男と女というものは言葉が通じなくても体でわかりあえる」

と硬派な言葉で返す。むむ、いいことを言うではないか。その言葉に周囲はみんな、うんうん、とうなずく。さらに、

「〝ダーリン〟って言ってくる女はなにがあっても愛してやるのが男ってもんだ」

と熱い言葉を続けた。

「兄貴……」

熱い男ぶりに私は言葉も出なかった。

まさに男の中の男、思わず彼らに憧れの眼差しを向けずにはいられない。が、ちょっとだけ引っ掛かっていた疑問があったので、偉大なる兄貴たちに思いきってぶつけてみた。

「その……言葉なしでの関係までもっていくには、どうすればいいのですか？」

そう、これがなにより肝心なところなのだ。そんな私の素朴な疑問にも、兄貴は即答した。

「金だ」

？？

「みんな金だ」

？？

「毎回金だ」

金？　でもみんな「彼女」がどうこうって言ってたではないか。

「みんな疑似恋愛なんだよ」

疑似恋愛？　なんだそれは。

「みんな本当はわかってるんだ」

なにを？

「相手がたとえ誰であろうと、向こうが〝ダーリン〟って言ってくるかぎり彼女なんだよ」

彼女ちゃうやんけ。

「愛してやれ」

アホか。

ギター職人　パラグアイ

音楽は人々の心をつなぐ。

たとえ言葉が通じなくてもそこに音楽があればひとつになれる。

この旅で、ギターを持って旅行するようになった。おかげでさまざまなすばらしい出会いがあり、喜怒哀楽をともにすることができた。いつからだろう、世間の人たちがそんな私のことを、「渚のギタリスト」と呼ぶようになったのは。

いつからだろう……いつから……いつから？

今日から。

このパラグアイという国はみごとなくらいに観光地がないので、他の旅行者に聞いてもみんな二、三日で通り抜ける人が多いようだ。私がそんなパラグアイにやって来た理由はただひとつ、ギターを買うためだ。以前に持っていたギターはギリシャで壊れてしまい、その後アフリカやヨーロッパで常に新しいギターを購入しようと探し回ってはいたものの、アフリカではなかなかいいギターにめぐり合わなかった。渚のギタリストは常に本物志向であり、中途半端なギターは弾きたくない。渚のギタリストはギター選びにもなかなか苦労するのだ。

ヨーロッパでは高価で質の高いギターもそれなりに見かけたが、値段に関しては中途半端なくらいがちょうどいいので却下した。

「ギターが弾きたい」

そろそろギターを触っていない期間が一ヵ月にもなる。ギリシャで以前のギターを手放して以降は、三人のギタリストたちと次々に出会っていたのでとくに困らなかったのだが、そろそろギターが欲しくなってきた。

そんなとき、ブラジルであるガイドブックに、

「パラグアイの首都アスンシオンからバスで一時間ほど行ったところにある〝ルケ〟という街はギターの産地です。ここではギターづくりの職人と話し合いながらあなたの好みにあったギターが探せます」

という文章を発見し、少し遠回りしたもののこんななにもないパラグアイにわざわざやって来た。ギターの産地がなかったらパラグアイにやって来ることはなかったかもしれないが、ギターの産地を訪れ、さまざまなギターを見る。そしてギターづくりの職人たちとギタリスト（私）との間でじっくり会話し納得いくギターを手に入れたい。そんな気持ちでこのパラグアイにやって来たのだ。

早速アスンシオンに到着後、市内のギターショップを何軒か下調べしてみた。しかし市内

にはいいギターはあるもののすべて外国産のものばかりであり、悪くはないがこれではわざわざパラグアイにやって来た意味がない。翌日、満を持してルケに出向いた。

ルケに到着。

バス停を降り、その辺の市民に、

「ギター買いたいけどどこに行けばいいのですか？」

などと聞いて回るが、みんな、

「知らない」

と言う。一瞬ガイドブックにやられたか、と思ったが、郊外まで歩いてみるとたしかにギターの店が一〇軒ほどあった。

ここルケには手づくりのギター工場（といっても小屋だけど）があり、その工場の前にそれぞれが店を持っている。つまりすべての店でオリジナルの手づくりギターを売っているということだ。わざわざ来た甲斐があった。ここなら自分の気に入ったギターが手に入りそうである。

とりあえず適当にそのうちの一軒に入ると、いかにも職人といった感じの物静かなおっさんが現れた。店内には二〇本ほどのギターが並んでいる。値段を聞くと三〇～二〇〇ドルとまちまちであるが、思ったより安い。手づくりのギターとは思えない安さだ。とりあえず値

段は合格点なので試しに弾かせてもらう。まずは三〇ドルのものから弾いてみると、

「ガチャーン」

という割れた音が鳴り響き、明らかに悪い。これではだめだ。渚のギタリストにはふさわしくないギターといえよう。職人も、

「まあ、そいつは安物だからな」

といった表情で私を見据える。まあ三〇ドルのギターなんてこんなものだろう。

次に一〇〇ドルのギターを手にする。一〇〇ドルといえば、なかなかいいギターが手に入りそうな価格帯である。ギターの板の間に雑な隙間などが見え隠れしていたり、ネックの部分が若干ゆがんでいるようにも見えるが、これはきっと気のせいだろう。私はギターづくりに関しては無知なのだが、この隙間やゆがみがすばらしい音を醸《かも》し出す秘密に違いない。チューニング（調弦）して弾いてみる。

「ガチャーン」

ん？　音が割れているように聞こえるのは気のせいか。一応、気になっていたので、

「師匠、ギターのここにヒビが入っていますが、これはどんな効果があるのでしょうか」

と言葉が通じないので身振り手振りで指摘すると、物静かな職人は謎の営業スマイルを浮かべた。どういう意味なのであろうか。

最後に二〇〇ドルを弾く。

「バチャーン」

少しよくなった気もするがたいしたことはなく、私のような本物の目はごまかせない。もっとも予算よりちょっと高いし、この値段を出せばもっといいものが手に入りそうだ。この店は諦め、何軒か他の店を回ることにした。

ところがどこも似たり寄ったり、たしかにそれぞれが手づくりのギターを売り出していて、ギターの内側に張ってあるラベルにはその店の家紋のようなマークと製造年月日、そして「ルケ」というサインが表示されているのだが、デザインも単調なら、音もたいして変わらない。それどころか店番をギターのわからない子供やおばはんにさせている店も多く、肝心なギタリスト（私）とギターづくり職人との間の深い話も何もあったもんじゃない。

何のためにここまでやって来たのだろうとがっかりし、もう諦めて帰ろうかと思った矢先、バス停の近くにも一軒のギター屋があったので入ってみた。店からは今度はギター一筋七〇年といった感じの老人が現れ、無愛想このうえないのがいかにも頑固職人といった雰囲気を醸し出している。

なんとなくよさそうなギターがあったので軽くコードを押さえて弦を弾く。と、

「チャラ〜ン」

ムム、いい音だ。

調子に乗ってエリッククラプトンを弾こうかと思ったが、私の腕では弾けないのでグリーングリーンを弾くとなかなか素敵な音だった。ついに見つけたかもしれない。そんな私の満足げな表情に、頑固ギター職人もさっきまでの険しい表情を緩め、ウンウンとうなずく。

本物のギタリストと本物のギターづくり職人の視線が交わり合い、

「いい音するね」

「あたりまえじゃ、ワシがつくったギターじゃぞ」

お互い言葉は通じないが、目で会話した。本物同士に言葉はいらない。

「他の店は全然だめだったけど、ここは違うね」

「他の店とワシの店を一緒にするなよ」

そんな本物同士の目と目の会話が続く。そして職人は誇らしげに、ギターの内側にあるラベルを見ろ、という仕草で私をうながした。この内側のラベルに書いてある家紋のようなマークこそ彼らの誇り、まさに彼が七〇年かけて築き上げてきた名声の証なのであろう。サウンドホール（ギターの丸く穴が開いているところ）を覗きこむ。

「ＭＡＤＥ　ＩＮ　ＳＰＡＩＮ」

じじい……。

アマゾン川の船旅——肉弾戦　ブラジル

ブラジルとパラグアイの国境カンポグランデの町からバスで二泊三日、アマゾン川上流の街ポルトベーリョまで一気に移動した。ここまで来た目的は、アマゾン川を貨物船に乗ってゆっくりと下ること。サンパウロで知り合ったI君ともここで待ち合わせており、無事再会できた。

I君は先にこの街に到着しており、貨物船が出る港にも一度行って、日にちや時間、値段なども調べてきてくれたようだ。船は週に火曜と金曜の二便、夕方四時に出発しており、われわれ二人は火曜日の船で行くことにした。その日の昼過ぎ、二人で港にある船のチケット売り場に行く。私はもう少し大きな港を想像していたが思っていたより小さく、堤防など全然ない、河原に板を渡して船に乗り込むようになっているだけの港だった。せっかくなので係員に頼んでチケットを買う前に船を見せてもらうことにした。

貨物が積み込まれている横を通って、船に乗り込む。

軽く見せてもらった結果、船は三階建てになっており、一階はミカンやバナナなどの貨物を置くスペース、二階が客席で半分は個室になっており、半分は各自がハンモックなどを広

げて寝そべるだけのスペースだ。三階は簡単なバーになっているが、屋根がないので寝ることはできない。係員の若者が、

「ハンモックのスペースなら七〇レアル（三〇ドル弱）、個室なら一二五レアルだ」

と言った。私はハンモックに揺られながらのほうが旅情に浸れそうだったので迷わずハンモックを選んだが、I君は個室に行こうか迷っている。

するとと係員はわれわれが言葉がわからないとでも思ったのか、

「ちょっと待ってくれ。日本人がいるから呼んでくる」

と言い、しばらくすると二人の日本人を連れてきた。この街には旅行者が潜んでいる気配なんてさっぱりなかったので意外だった。もしこれが若くて素敵な女性二人組だったりしたら、かなり素敵な恋愛ツアーになりそうでちょっと期待したが、五五歳と六九歳のおっさん二人組だった。

「こんにちは」

「こんにちは」

と一応あいさつなんかして、お互いに自己紹介をする。彼らはブラジルに住む日系人で五五歳の人がダンスさん。若干キレ気味の口調で話すのが特徴で、音楽に合わせていつも腰を振っているラテンな人だ。もうひとりの六九歳がベルツさん、彼はヒモで縛るタイプの短パ

ンをはいているにもかかわらず、なぜか不自然な真っ黒のベルトを装着していて、

「ベルトしてるのはズボンのゴムでも切れてるんですか?」

と聞くと、

「いや～、実はこのベルトには秘密があってね、ふっふっふ」

と言い、肌身離さずそのベルトを装着しているのが特徴だ。間違いなく貴重品がはいっていると思われる。

まあ、若い女性じゃないのは少し残念だが、少しほっとした。なんせわれわれはポルトガル語もスペイン語もあまりわからないので、この船旅で現地の人たちに囲まれて五日間も過ごすことを少々心配していたのだ。船では盗難も多発しているという。その点彼らがいれば何かトラブルがあっても言葉が通じるので安心である。

それに船の上ではどうせやることもないだろうし、こういった日本を離れて住んでいる人の話を聞けるのは貴重ともいえるし、年輩の人たちの話はわれわれ若者の何十倍も貴重であり、そういった話を聞いてわれわれは成長していくのだ。最近の若者は「年寄りは話が長い」とか「内容が飛びまくる」とか「同じことを繰り返して言う」などと言って年輩を邪険に扱う傾向が見られるが、そんなことではいけないのだ。

と、係員が、

「ハンモックか個室のどっちにする？」

と聞いてくる。するとすかさずベルツさんが、

「彼はね、君たちがどちらで寝るかを聞いてるよ」

と訳してくれる。やはりポルトガル語がわかる人がいるのは助かる。さらにベルツさんは親切に、

「ハンモックが七〇レアル、個室が一二五レアル。今は冬だから昼は暑いけど夜中は冷えるよ、ハンモックだとね……」

といろいろと教えてくれ、

「私はブラジルに住んでから三〇年になるけど、この船旅は初めてでね……」

と体験談を語り、

「この船は本来は貨物船だからね、こうこうこうして……」

などと二〇分近くひとりで話し続けた。どうやら話が長い人のようだ。われわれは年輩の人の話を遮《さえぎ》るような無礼なことはできないので黙って聞いていると、ブラジル人の係員が、

「どっちにします？」

と話の横から入って来る。どうやら痺《しび》れをきらしたようである。するとダンスさんはわざわざ、

「君たちがどっちにするか、彼は待ってるんだ!!」

となぜか若干キレ気味に訳してくれて、私が、

「じゃあハンモックにします」

と言うと、ベルツさんは、

「そうか、ハンモックにするなら、その辺でハンモック買わなきゃいけないね」

と教えてくれ、さらに、

「ハンモックは一〇レアルからあるけど安物はよくないよ」

と丁寧にハンモックの質と値段を説明してくれ、

「昔はブラジルも物価が高かったけど最近の不景気で……」

などという話をきっかけに、彼が戦時中は中国にいたこと、金沢に生まれてその後転々としていたこと、剣道初段であること、奥さんとは一歳からのつき合いであることなどを聞かせてくれた。どうやら話が飛びまくる人のようだ。

もちろんわれわれ若者たるや、偉大なる先輩方の話を遮るような無礼なことはできないので黙って聞いていたのだが、船の係員は痺れをきらしたようで、

「どっちにします？」

とベルツさんの話を遮り、するとダンスさんはわざわざ、

「彼はね！　君たちがどっちにするかずっと待ってるんだ!!」

　となぜか完璧にキレ気味で訳してくれた。

「……ハンモックでお願いします」

「そうか、ハンモックはな……」

「いや、ハンモックで」

「だけど戦争のときはな……」

「ええ、ハンモックで」

「剣道初段は空手三段より強くてな……」

「どっちにします？」

「彼はずっと待ってるんだ!!　早く決めなさい！」

「絶対ハンモックです」

「そうか、ハンモックはな……」

　さて、ハンモックに揺られながらの船旅というと、「なんて優雅な」などと想像する人も多いだろう。

　甘い。

われわれが最初に船に行ったときは乗客は二〇人ほどしかいなかったのだが、出港時刻になるとハンモックを張れる学校の教室ほどのスペースに一〇〇人くらいが集まっていた。みんなこの狭いスペースにハンモックを張るのである。当然ユーラユーラなどと優雅に過ごせるわけもなく、夜になってみんなが寝る時間になるとハンモック越しに隣の人たちとぶつかり合って寝ることになるのだ。

もっとも予想されたことであったので、私はチケットを購入した際に充分なスペースを確保できる場所にハンモックを張っておいた。五日間もこの船上で過ごすのである。のんびりできるスペースが欲しい。そのために昼過ぎにわざわざチケットを買いに行ったのだ。と、出港前に船に乗り込むと、私のハンモックは別の場所に移動させられ、以前の場所は完全に他のブラジル人に占領されていた。

しかも私のハンモックが移動させられた場所は船内でも最も人が密集しているところであり、私と隣のおっさんのスペースを足しても一・五人分くらいの広さしかない。

ここで〝ハンモック〟であるが、ハンモックというのは特徴として横方向に自由に揺れ、最終的には体重が一番かかる中心部で止まるようになっている。そして私と隣のおっさんは二人合わせて一・五人分のスペースを共有してくっつき合って寝ているわけで、隣のおっさんは体重が一〇〇キロくらいはありそうな巨漢であった。

なにが言いたいかというと、巨漢のおっさんのほうが当然私なんかより重く、ハンモックの特性上、体重のあるおっさんは普通に水平に寝られるのだが、体重の軽い私は五日間、なぜかひとり悲しく四五度傾いた状態で寝続けることになったのである。さらに、このおっさん、イビキが凄まじいだけでなく、私の体重が体にかかっているせいか、ときどき寝ぼけて私を遠くへ突き飛ばすのである。

こうなるとまたもやハンモックの特性上、私の体は振り子運動を行い、押し出された体はいったん宙に舞うものの、重力の関係で元の位置に戻って来ておっさんに激突、すると今度はおっさんが宙に舞い、再び戻って来て私に激突、すると今度は勢いがついているので私の体がもっと高く宙に舞い……と、なんだか物理の授業だとか、サザエさんのエンディングだとか、よくわからないが、激突を繰り返し結局二人とも痛くて目を覚ますのであった。

こうして平凡な船旅に終わりそうな最終日夜一〇時ごろ、あまりにも寝てばかりいたせいでまったく眠れず、暇なので甲板の上でタバコを吸っていたときだ。

「あなたと会えなくなると寂しくなるわ」

などという感じで、言葉がわからないので本当はなにを言ったかわからないけど、私の隣に寄り添うように座ってきた女性がいた。私のハンモックの四つくらい隣で寝ていた女性だ。

実は彼女が連れている子供がかわいくて、その子供とよく遊んでいた。彼女はハーフっぽい顔立ちで、とても細く、そしてまだ若い。よくいえばアムロ、悪くいえばロナウジーニョといった感じだ。いや、アムロだ、アムロ。てっきりあの子供は彼女の子供だと思っていたが、旦那らしき人も見当たらないし、よく考えたら姉弟かもしれない。

「おれも寂しいぜ、ベイビー」

と渋く伝えたかったが、言葉がわからないので愛想笑いでその場をつなぐ。いい雰囲気だ。

「私はシルベイラ。あなたは？」

「トシ」

これくらいのポルトガル語ならわかる。いいぞ、いい感じだ。

「なんやらかんやら……」

わからない。

「なんやらかんやら……」

「ワッハッハ」

愛想笑いでその場をしのぐ。が、よくない雰囲気だ。

と、私が少々困っているそのとき、助っ人が突然現れた。在ブラジル歴三〇年の大先輩、ベルツさんだ。

「お、君もやるね。いい雰囲気じゃないか」

と声をかけてくる。

「いや、それがですね。言葉がわかんなくて、ちょっと助けてくださいよ」

「そうか、私も若いころはな……」

「後で聞くのでとりあえず訳してもらえますか？」

年輩の方の話を遮るなんてまったく無礼千万であるが、これはときがときである。

「あの子供は彼女の子供か聞いてもらえますか？」

と私が言うと、ベルツさんはそれを彼女に伝えてくれ、彼女が何やら答える。

「彼女の子供だそうだけど、結婚はしてないそうだよ」

きっとなにか事情があるのであろう。事情ありの女なんてなかなか謎に満ちて魅力的だ。

「ブラジルの人というのは未婚の人も多くてな、私も若いころは……」

「いや、それはわかったので、ところでブラジルの女性に年齢聞いても大丈夫ですか？」

と、私は若輩者ながらベルツさんの話を遮ると、ベルツさんは彼女に、

「君、何歳？」

と訳してくれ、シルベイラは、

「デスノーベ（一九）」

と答えた。さすがに数字程度なら私にもわかる。それにしても若い。いいぞ。実に好みだ。

「彼女は一九歳だそうだ」

とベルツさんはわざわざ訳してくれる。面倒見のいい人なのだ。

「彼女はポルトベーリョの生まれだそうだ」

ん？　そんなこと言ってないと思うぞ。

「彼女は家が貧しくて学校に行ってないそうだ」

絶対そんなこと言ってない。

「私も生まれたころは貧しくてな……」

「いや、それはいいけど、とりあえず彼女の話を……」

と、私はこの話の長いおっさんをストップさせ、シルベイラも、

「なんやらかんやら……」

とベルツさんに言う。

「なんて言ってるんですか？」

「うん、私の甥に空手で世界選手権四位になったやつがおるんやけど、三位決定戦で怪我してしまってな……」

「いや、だから彼女はなんて？」

「もう少しでメダリストだったのにな……」

「いや、だから」

「私も高校で剣道やめて、ラグビーを……」

「…………」

シルベイラはどこかへ行ってしまった。ベルツさんは自分の生涯についてすべて話し終わった後、

「君も残念だね、言葉さえ話せればきっとね」

と言った。


五日目の朝、われわれは無事マナウスの港に到着した。長かったような短かったような五日間であった。港で、

「それではベルツさん、ダンスさん、お世話になりました。お元気で」

と言った後、一時間近く話されて、それはやはり長かった五日間であることを実感した。

エンジェル　ベネズエラ

エンジェルフォールはギアナ高地の絶壁を流れ落ちる大瀑布《ばくふ》で、その落差は九七九メートル、当然世界一の落差を誇る。

そしてここは世界有数の秘境の地、簡単には行けるものではない。ジャングルが広がる地域であるため陸路ではいっさい近づけず、いったん小型のセスナ機で麓の村まで行き、そこからさらにボートに乗って往復一〇時間、全部で二泊三日の大行程となる。

もちろん世界一と聞けば、私のような勇敢な冒険家たるもの黙ってはいられないわけで、二泊三日の道中くらい冒険家にとって屁でもないわけであるが、事前に集めた情報によると、このツアーは二泊三日で二五〇ドル以上もすると聞き、冒険家は無言になった。

高い。まさに許された者のみが足を踏み入れることのできる秘境といえよう。

ところが、せっかくここまで来たのだからぜひとも行きたいが、やっぱり二五〇ドルは高いなぁ、どうしようかなぁ、などと思いながらこの街に来ると、なんと一八五ドルで行けるツアーがあるというではないか。なんでも一週間ほど前からいっきに六五ドルも値下げしたそうだ。

もう一度言うが、世界一と聞けば黙っていられないのが冒険家だ。

翌朝、ツアーのメンバー、いやこれは大冒険なのでツアーというと語弊がありそうだし、冒険隊のパーティーといったほうが正しいかもしれない。冒険隊のパーティーがホテル前に集合した。パーティーは私のほかにフランス人のカップルとオランダ人のカップル、そしてリアドの計六名である。

リアドはブラジルから一緒に来たわけのわからないイスラエル人で、ここまでもさんざん私の足をひっぱってきたが、前日も旅行会社で、

「一八五ドルは高い、この値段なら絶対おれは行かない」

とさんざんもめたくせに、結局直前の夜になって急に行くとか言い出す、わからない人である。

メンバーに女性が二人もいるのは心もとなく思え、足をひっぱる危険性も考えられるが、私が足をひっぱる危険性も充分に考えられるところだ。

パーティーを乗せたバスは三時間ほど山道を走り、なんとか村とかいう名も知らない村の空港に到着した。そういえば前日ツアー会社、いや冒険会社の人が、

「なぜわれわれの会社だけ安いか？　それは他社はシウダ・ボリバルの空港から定期便を使ってカナイマ（エンジェルフォール麓の村）まで行くのに対し、われわれはチャーター機を

持っていて、近くの村からそのチャーター機で飛ぶから安くなるんだよ」

と言っていた。チャーター機なんてリッチな気分である。きっと機内では美人フライトアテンダントが待ち構えており、

「Mr.ニシイ、本日の機内食は何になされますか？」

「とりあえずワインでもいただこうか」

などという光景を思い浮かべ空港に入ると、そこにはただの空き地が広がっていて、ひとりのおっさんと私の背丈ほどしかないラジコンのようなプロペラ機が待ち構えていた。

有無を言わさず大きめのラジコンプロペラ機に乗り込まされる。

ところがここで困ったことになった。ラジコンの機内はまさに軽自動車といった感じの大きさで、客席は操縦席の隣の助手席と後部座席2×2シートの全五シート、それに対してわれわれのパーティーは六人。順番に乗り込んだ結果、後部座席はカップル同士で座り、助手席にはリアドが座る。あとは操縦席しか空いていない。まさか私が操縦席に座るわけにはいかないだろう。

そーかそーか、これはきっと彼らを一度カナイマまで送り届けた後、再びこの村まで戻って来て、次の便で私を乗せるのだろう。美人フライトアテンダントも機内食もないけど、パイロットと二人っきりで世界有数の秘境の地を上空から堪能できるなんてラッキーだな、な

どと思っていたら、パイロットらしきおっさんに無理矢理機内に押し込まれ、気づいたときには操縦席の後ろの小さなスペースにみんなとは逆向きに向いて中腰姿勢で座らされていた。そこにしかスペースがないのである。こういうとき本来チャーター機でなくとも、一般の飛行機であれば普通フライトアテンダントがすばやく私の前にやってきて、

「お客様、離陸時にはシートベルトを必ず着用くださいませ」

とか、

「お客様、飛行中のウンコ座りは大変危険ですのでおやめくださいませ」

などの諸注意が言い渡されるべきなのであるが、ここにはフライトアテンダントもいなければシートベルトもない。私にかぎっていえばシートもない。

数秒後、パイロットのおっさんは私を見てガッハッハと大笑いした後、勝手に、

「三、二、一……ゼロ！」

とカウントし、飛行機は離陸した。

無事カナイマに到着。小型のプロペラ機であるためちょっとした風で機体がブレまくるにもかかわらず、おっさんは余裕をこいて私に話しかけてくるため死ぬかと思ったが、無事到着できてなによりだ。機上からのギアナ高地の景色はそれはそれでとても素敵な光景であっただろうと想像されるだろうが、なんせ私はひとり悲しいウンコ座り、しかもみんなとは逆

向きで座らされたため、正面の白人のスネ毛しか見えなかった。

カナイマの空港からトラックの荷台に乗ってコテージに移動、そこで昼食を食べた後すぐにボートに乗りこんで今日のキャンプ地を目指す。

ギアナ高地は雨季のために雨が多かった。乾季のときはエンジェルフォールの水量が少なく迫力に欠けるそうなのであえて雨季を選んだわけだが、雨季だと曇っていて滝自体が見えない日も多いらしい。ボートに乗って川を溯るが、この間土砂降りが続いた。周囲には霧が立ちこめ、景色なぞはいっさい見えず、高度もそれなりにあるのでとても寒い。私はレインコートを持っていなかったので、コテージでもらったゴミ袋に包《くる》まってひたすら雨と寒さに耐えていた。

午後五時、日も暮れかけたころやっと本日の宿泊地に到着した。屋根だけついた吹きさらしの建物で、電気もないので夜中になるとみんなで話すくらいしかやることがない。

翌朝は六時に目を覚ましたが、相変わらず周囲は霧に包まれて何も見えなかった。ただし前夜の雨はあがっている。

またしても小船に乗り約一時問、エンジェルフォール直下の川岸にボートをつけ、全員が陸にあがる。ここからは徒歩しかない。天気は相変わらず回復せず、周囲の霧こそほとんど晴れあがったものの、我々を囲んでいると思われるテーブルマウンテンは雲に包まれ、ところどころ見え隠れする程度である。神秘的とも幻想的ともいえるこの風景。さすがは地球最後に残された秘境の地とか、世界最古の大地だとか、そんなもんはどうでもよくて、このままエンジェルフォールが見えなかったらどうしてくれるのだ。一八五ドルだぞ。

濡れた傾斜の泥道をひたすら登る。けっこうハードな道のりで、冒険者の私にとってはこの程度は楽勝なのであるが、リアドはこけたらしく思いっきり顔が泥まみれになっている。

一時間ほど登ったところでふいに、「エンジェルフォール展望台」という標識のあるところにたどり着いた。早速駆けあがって展望台からエンジェルフォールがあると思われる方角を覗きこむ。が、ほとんど見えない。エンジェルフォールはたしか九七九メートルもあるはずだが、ここから見えるのは底辺の二〇〇メートル程度、しかもこの滝はあまりにも落差がありすぎて滝の下方になると雨か霧の状態になってしまうため、

「あ、向こうのほうで激しい雨が降ってるな」

という程度の景観である。ありえない、ありえないぞ。こんなもん世界一の滝でもなんでもない、へたれの豪雨じゃないか。

そんな、みんなの失望の色を見て取ったガイドのアントニオが、

「インディへナに伝わる晴れの歌があるのでみんなで歌おう」

と言い出した。ちなみにインディヘナとは混血のことで、インディオとも呼ばれ、スペインの統治時代は厳しい迫害を受けた人たちの末裔である。

♪ウェイ、ウェイ、ウェイ、アンボディー、ウェイハマン、ウェイ、ウェイ……

と歌い出し、われわれも続けて、

♪ウェイ、ウェイ、ウェイ、アンボディー、ウェイハマン、ウェイ、ウェイ……

と真似る。さらにアントニオが、

♪ウェイ、ウェイ、ウェイ、アンボディー、ウェイハマン、ウェイ、ウェイ……

と歌い、われわれが、

♪ウェイ、ウェイ、ウェイ、アンボディー、ウェイハマン、ウェイ、ウェイ……

と歌う。と、なんということでしょう、一〇分後には嘘のように霧や雲が晴れわたり、エンジェルフォールの全景が見えた。嘘のような話だが、本当の出来事なのだ。

霧や雲が晴れ渡ると、圧巻の風景であった。

地肌をむき出したテーブルマウンテンとそこから流れ落ちるエンジェルフォール。秘境という言葉がふさわしいこの景色はもう言葉にもならない。まさに冒険者のみに許され、冒険者のみが感じることのできるこの壮観。

思えばわが人生二七年、山を越え谷を越え砂漠を越え、こうして人生の酸いも甘いも知り尽くした冒険者としての経験を重ねてきたからこそ、この聖域に足を踏み入ることができたのだ。

こういうところでのタバコこそ冒険者冥利《みょうり》に尽きると思い一服していると、後続から一〇歳くらいの白人のガキどもが汗まみれになりながら駆けあがってきてギャーギャー騒いでうるさかった。

上空を見あげると一機のセスナ機がエンジェルフォールぎりぎりのところを周回している。アントニオに、

「あれはなんだ？」

と聞くと、

「多分日本人の団体だ。彼らは金があるからわざわざ歩いてなんか来ずに、上空から見て帰るのだ」

と言った。

汝、赤道たるや　エクアドル

ベネズエラからコロンビアを通過して、エクアドルの首都キトに到着した。キトにはホテルスークレという安宿があり、なんと一泊一ドルくらいだ。とりあえず一〇日間滞在することにした。

ここキトは街中すべてがすっぽりと世界遺産に指定されているような素敵な街で、市内に星のように無数にちりばめられた名所・旧跡、その他博物館や美術館、さらには郊外にある赤道記念碑などをくまなく観光したため一〇日間という時間はあっという間に過ぎ去ったわけで、早速本文でも各観光名所に関する私独自の視点による、するどい批評・考察を行いたいところであるが、たくさん観光しまくったなかで最も印象的だといえる赤道記念碑一点に集中して記載することにする。

エクアドルという国名はスペイン語の「赤道」に由来している。由来しているもなにも赤道のスペイン語が「エクアドル」なのでそのまんまともいえるのだが、その名の通りエクアドルの領土は赤道直下に位置し、ここキトの郊外にはその赤道上に「ここが赤道ですよ」という線が引いてある記念碑があるという。キトに到着して五日目、街からバスに乗ること約一時間でその赤道記念碑とやらに到着した。ひさびさの観光だ。

バスを降りると入場口のゲートから台形の巨大なモニュメントが見える。

さすがは赤道の国エクアドルを象徴するような記念碑!! かといえばそうでもなく、これが赤道でなかったら誰がこんなところ訪れるのだとツッコミたくなるほどショボイものだった。

さて敷地内に入り早速その記念碑に向かって歩いて行くと、記念碑の壁面はちゃんと東西南北方向を向いており、東西方向の地面にはまっすぐに線が引いてあった。線の色は赤ではなくて黄色。特に細かな細工などはいっさいなく、日本の追い越し禁止ラインみたいな感じだ。

しかし何はともあれ赤道である。過去に赤道を越えたことは一度しかなく、その一度もバスで熟睡していてすっかり寝過ごしてしまったため、実質初めての赤道越えである。

今までほとんど北半球を中心に旅行してきたが、ついに南半球へと突入する瞬間、その赤道を越える一歩を自らの足でまたぐなんて感動的ですらある。このまま赤道を追って行けば、西には親愛なる東南アジア、東はまだ見ぬ東アフリカへと続き、そして再びここへ戻って来るのだろう。

とにかくこの赤道の先には山があり海がある。その先にはたくさんの人が生活し、文化を築き、大自然が待ち構えている。そう思うと私は無性に赤道のその先が見たくなった。この赤道を表す黄色い線もエクアドルの象徴だけに気合いが入っているはずであり、きっとはるか先、地平線ぐらいまで伸びているのだろう。

私はロマンティックな思いからいてもたってもいられなくなり、入場料が三ドルもする赤道記念碑展望台をかけあがり赤道の先を見渡すと、黄色い線は一〇〇メートルほど先であっさり消えていた。三ドル返せ。

そういえば赤道を境に北半球と南半球では異なった現象がいくつか起こる。

例えば、当然といえば当然であるが、北半球では太陽は常に南側に傾いているが、南半球に行くと太陽は北側に見える。常に太陽が南側にある北半球で生活していた私にとってこれはとても違和感があった。他にも北半球では太陽は東から昇って西に沈むが、南半球では西から昇ったお日様が東へ沈む（ウソ）。

それ以外では、私が博識であることを披露してしまうようで恥ずかしいのであるが、北半球と南半球では排水溝などの渦の巻き方が異なるということは、あまり読者の知らないところであろう。

例えば洗面台に水を張った後に栓を抜くと当然渦ができるのだが、北半球では反時計回りに、南半球では時計回りに渦が発生するのだ。同様に北半球の人間がウンコをすると反時計回りにトグロを巻くが、南半球では時計回りのトグロになる（ウソ）。

このメカニズムについての説明は、地球の自転や公転、その他ニュートンの法則とかマーフィーの法則など、教養のない読者には理解が難しいためこの場では割愛するが、それはさておき、一部の賢明な読者にはこのような疑問が頭に浮かぶかもしれない。

「先生、赤道の真上では渦は一体どうなるの？」

いい質問だ。

そして結論から先に言うと、赤道上で洗面台の栓を抜いても渦は発生しないのである。では水はどうなるかといえばそのまま真下にズルズルっと吸いこまれていくという奇妙な現象が起こるそうだ。

とにかく私もせっかく赤道の真上にいるのだから、記念碑のすぐ近くにあるトイレに入ってこの実験をやってみた（水のほう）。

洗面台に水を張り、

「一、二、三、セイヤー」

と一気に栓を抜く。するとなんということでしょう、見事反時計回りに渦を巻きましたとさ。

なんだかわけのわからない赤道記念碑であったが、この観光地に関しては、「本当の赤道をまたぐことができる」という以外まったく無意味な場所であるような気もするし、物価の安いエクアドルのわりにはけっこうなにかと金もかかって納得がいかないが、とりあえずエクアドルのメインの観光地というべき場所で赤道をまたいだ写真などを撮り、こうして名実ともに「世界を股にかける好青年」という称号を手に入れた。

ひさびさの観光ですっかり疲れてしまったが、またしても新たなる勲章を手に入れた私は、心地よい疲労感を覚えながらも日本人宿「スークレ」に戻った。すると、この宿に二ヵ月沈没中のMさんが声をかけてきた。

「あ、お帰り。今日はめずらしく宿にいなかったね。どこに行ってたの？」

めずらしくというのは言葉のアヤだ。

「いや〜赤道記念碑です」

「へー、くだらなかっただろ」

やっぱりみんなそう思っているのである。

「そうですね。せっかく渦の実験もしたのに失敗したし」

「そうなんだ」

「まあ本物の赤道見れたし、それでよかったですよ」

そう、それで納得なのである。

「あ、でもあの赤道、偽物だよ」

「はっ？？」

「本物の赤道はあと一〇〇メートルくらい北にあるらしいよ」

「えっ、でも入場料とか、けっこう取られましたよ」

「うん、でもあそこは偽物で、適当につくったらしいよ、あの記念碑」

エクアドル。

繰り返すが、その国名は「赤道」。

バックパッカークラス　ペルー

ついにペルーにやってきた。

「ついに」というのは、実は今回の旅行の私にとっての最終目的地がペルーだったからである。小さなころテレビの番組でマチュピチュやクスコの遺跡を見て以来、すっかりその遺跡の虜になり、インカという響きに魅了されてしまった。

子供のころからの憧れの地がいよいよ目の前に迫ってきた。

ペルー北部にはインカの先代の文化、「プレ・インカ」時代の遺跡が点在している。海岸沿いの街トルヒーヨの周辺には、「ワカ・デ・ソル」「ワカ・デ・ルナ」などの遺跡が多く集まり、海外からだけでなく、国内からもたくさんのツーリストが集まっている遺跡だ。

ちなみにソルはスペイン語で「太陽」、ルナは「月」を意味するので、それぞれ「太陽のワカ」「月のワカ」という意味である。なお、歴史にうとい一部の読者からは、

「ワカとはなんだ？」

という疑問が思い浮かぶかもしれないが、今日はこの辺にしておく。

トルヒーヨからカハマルカ、ワラス、と北部の主な町を観光した。

そういえばペルー人はとてもいい人が多い。

「ワタシ　以前　日本デ　働イテマシータ」

「ワタシ　来年ハ　日本人ト　結婚シマース」

などと日本語で声をかけられたり、日本語を話さなくても気さくに話しかけてくる人がけっこういる。

実は私はペルーに入国する前に、少々ペルー人を警戒していた。

なんといってもペルーは南米で一番の観光地であり、世界的に見ると、この観光地というのはけっこうロクなヤツがいなかったりするからである。ペルーは詐欺やヒッタクリなど観光客を目当てとした犯罪も多く、きっとイスタンブールやバンコクなどに多い、「親切なフリをしてたかる」といった感じの人間が多いのではないかと思っていたのだ。

もっともここ北部は、どちらかといえば南部のクスコやナスカなどの超有名観光スポットに比べると若干マイナーなので、今のところ出会ったペルー人によい人が多いだけかもしれない。

もうひとつ、気にかかっていたことがある。ここペルーの元大統領は日系人のフジモリ氏であり、当時彼は追い出されるようにして大統領を辞め、現在は日本で暮らしている。この一連の政治動向のおかげで、現地の日本人に対する感情が悪くなっているのではないかと考えていた。

ところが現地に来てわかったのだが、現地の人たちは私が日本人とわかってもとくに危害を加える様子もなく、みんななんだか楽しそうに話しかけてくるのだ。そしてみんな私がスペイン語もあまりできないような旅行者だとわかると、

「ペルーは危険だから気をつけて」

と言ってくるのである。いち旅行者としては、こういう言葉や態度にはとても心が温まる。

彼らは日本人から見ればとても裕福とはいえない生活を送りながらも、決して卑屈にならず、金をたかるわけでもなく、われわれに優しく接してくれるのである。

私はペルーという国がとても気に入った。人種差別もなく（だから日系人が大統領になった過去があるのだろう）、人も温かい。将来はこのような国で働いてみたいとも思えるし、親切を受けたお礼に恩返しなどもしなければいけない。恩返しするにはやはり政治を変えるべきであると思うし、政治家として立候補することもあるかもしれず、最終的には大統領に立候補して当選した暁には、国民のみなさまの明るい笑顔と健康を第一にして、全力で公務に勤しむ所存でございます。

トルヒーヨでは、この周辺では一番大きなプレインカ時代の遺跡、チャンチャン遺跡に行った。街の中心部からは少々遠いので大通り上でコレクティーボ（ミニバス）を捕まえたが、このコレクティーボは結局チャンチャン遺跡の前までは行かず、私は遺跡から二キロほど離れたメインロードに降ろされた。

そこからトボトボと未舗装の道を歩いていると、後方から家族連れの車がやってきて遺跡まで乗せていってくれた。彼らは首都リマから休日を利用してやってきた観光客だそうで、私が乗り込んだことで座席が狭くなっても気にする様子もなく、帰りも再び車で拾っていってくれて、ニコニコ楽しそうだ。

このようにペルー人はとても親切なのである。

もちろん私は適当に誉めまくってペルー人の心をつかもうとか、だから一票入れろとか、そんなさもしい根性はさっぱりないのだが、ここでひとつ言いたいことがある。

もし日本で困っている外国人（主にペルー人）を見かけたら、ぜひとも気軽に声をかけてやってほしい。ちょっとしたことでも、きっと彼ら（主にペルー人）の日本人に対する心証が変わってくるであろう。将来海外で（主にペルー）日本人が大統領になる日も近い。

また、あくる日の帰り道にコレクティーボに乗った。ところがこのコレクティーボというのは行き先の表示などがいっさいなく、適当に乗ったら全然違うところに連れて行かれてしまうため、なかなか利用するのが難しい。利用方法としては一緒にバス停で待っている人に聞くか、もしくはとりあえず走っているバスを止めて、バスの車掌に、

「チャンチャンに行くのか？」

と聞くしかない。

あまりバス停に人がいなかったので車掌に直接聞くことにした。一台、二台とバスが来て、そのたびにバスを停めて、

「チャンチャンに行くのか？」

と聞くが、

「ノー」

と答えられ、すぐに立ち去ってしまう。三台目、

「チャンチャンに行くのか？」

「そうだ」

と車掌は答えた。さらに彼はわれわれを中国人だと勘違いしたのか、

「そうだ、チュンチャンチョン、ケッケッケ」

と笑う。一応説明するとこれは中国語のマネで、チャンチャン遺跡とかけているわけだが、何がおもしろいのかさっぱりわからない。

このようにペルー人はとても親切であるが、ギャグのセンスは皆無といってよい。真っ先にギャグの改革から断行していきたい。

首都リマから地上絵で有名なナスカ、そしてアレキパからクスコへ。

そしていよいよ、クスコから南米最大、いや世界でも最高峰の遺跡マチュピチュへ行く日がやってきてしまった。

空中都市・マチュピチュ。

マチュピチュは、私がバックパッカーを始めてからずっと憧れの地であった。

私がバックパッカーを始めた二〇歳当時は「バックパッカー？　なんだそりゃ？」という世の中で、世間の私に対する視線も「危ない」とか「汚い」とか「足臭い」などと冷ややかなものであった。

親友Kが日本からクスコにやってきた翌日、われわれはマチュピチュへ向かう列車のチケットを買いに行った。

マチュピチュは断崖絶壁に囲まれた場所に立地する。現地まで行く交通手段は現在のところこの列車のみである。

しかしこの列車、今までは外国人も現地人と同じ列車に乗ることができたのだが、近年の民営化により外国人は専用列車にしか乗れないという制度ができてしまった。

現地人たちとの触れ合いをモットーとしているバックパッカーにとっては何より残念な話だが、そんなことより同じ列車なのに外国人は現地人の一〇倍くらいお金を払わなければならないほうが残念だ。むちゃくちゃ高いぞ。

例えばこの列車、日本でいう特等席にあたる、食事とかその他もろもろついてくる「アウトワゴン・クラス」という席は、金持ちたちが豪遊する場所なので、この際私にはどうでもよい。

しかし日本でいう普通車両にあたる「インカ・クラス」という席でさえ、なんとたった六時間の往復で七〇ドルもするのだ。普段われわれが利用している長距離バスに一五時間程度乗っても一〇ドル前後だというペルーの物価を考えれば、いかにこの値段が高いかわかっていただけるだろう。ふざけた価格設定である。

「ただの普通車両なのに七〇ドルは高い」

と、当然不満の声は多い。

そこで鉄道会社も少し考えて、インカクラスの下にもうひとつ特別席を設けた。この制度によってインカ・クラスに乗っている人たちは、

「まあ高いけど、おれたちの下にはあいつらがいるからな」

と納得してしまう、狡猾な制度である。

その肝心な特別席の価格は半額の三五ドル。

それでも高いけど、旅費をなるべく安くあげたい私としては嬉しいかぎりである。ただし、この特別席の名前がいけない。

「バックパッカー・クラス」

完全にバックパッカーをおちょくっている。


こうして、不満を訴えていたバックパッカーのわれわれであるが、宿に戻ると、その日到着したばかりの女子大生二人組が話しかけてきて、

「あ、明日マチュピチュ行くのですか？　私たちも明日行くんです。一緒に行きましょうよ」

思いがけずスペシャルな展開になった。

これは、ついに夢の愛と官能のマチュピチュツアー。われわれ二人は勝手に期待に胸を膨らませ、Kに至っては多分股間も膨らませていた。

が、当日の朝、われわれが四人でマチュピチュへの始発駅へ向かうと、彼女たちの車両は堂々たる列車前方のB車両、われわれの車両はどう考えてもおまけにくっつけられたとしか

思えない最後尾のE車両だった。もちろん車両と車両の間はお互いに行き来ができないように、がっちりとカギがかけられていた。

マチュピチュへの列車は峠を越えるまでスイッチバックで切替しながら徐々に高度をあげ、そこからいっきにジャングル地帯を通過していった。車窓からの景色はすばらしく、あっという間に三時間が経過して終着駅のアグアスカリエンテスに到着。ここからはバスに乗り換え、ジグザグの道を登りながらマチュピチュの遺跡に向かう。マチュピチュの遺跡にはこれまた、バックパッカー料金が適用され、半額の一〇ドル。

こうしてついにマチュピチュ遺跡にたどり着いた。

入り口から五分も歩くと、そこからはどかんと視界が開け、ついに、ついに、夢にまで見た念願のマチュピチュである。

長かった。この景色を見るまで、ほんとうに長かった。

そしてその長年の夢ともいえるマチュピチュの景色は、期待を裏切らず、本当にすばらしかった。

マチュピチュのすばらしさというのは、険しい山並の続く周囲の景観とそこにたたずんでいる遺跡との対比、神秘さであろう。断崖絶壁に切り立った山岳を登ったところに突如現れる遺跡群。

入り口近くの見晴らしのいい丘に登ると、手前には精巧な石組みの壁、自然石を利用してつくられた祭壇などが広がり、その背後にはワイナピチュと呼ばれる尖《とが》った峰がそびえている。そしてそのワイナピチュにはうっすらと霧がかかり、スペインの侵略とともに住民たちはこの都市を捨てて忽然と姿を消したといわれる歴史背景を考えると、なんとも幻想的な気分にさせられてしまう。

期待していた通りであり、いや、期待していた以上であった。

とりあえず全容が見渡せる高台でロマンティック気分に浸るのは後にとっておき、近くにある遺跡を散策することにした。

まずはインティワタナと呼ばれる日時計に向かう。近づくと白人たちが嬉しそうに中心にある石に手を触れているので、

「何をやっているのだ？」

と聞くと、

「石のパワーをもらっているのだ」

などと言うので、何をバカなこと言っているのだ、と思いながらも、私も真似してみることにした。

と、なんということでしょう、その後私はここに観光に訪れているペルー人女性から、

「あなたと一緒に写真が撮りたい」

と数々のラブコールを受け、えらい騒ぎとなった。その数たるや半端でなく、どうやら私はマチュピチュから物凄いパワーを授かったようである。

Kが、

「派手な服着てるから、おもしろがられているだけだよ」

などと言っていたが、ただの妬《ねた》みであると思われる。

この人気ぶりからすると、大統領当確間違いなし。今後も精進していきたい。

逮捕しちゃうぞ　チリ

いろいろな分野にはそれぞれ専門用語などというものがある。

私の得意とする麻雀の世界などは「イッスーチー」だとか「ダイスーシー」とか、専門用語ばかりで、麻雀を知らない人が隣で聞いていたらさっぱりわからない会話ばかりだといえる。

当然バックパッカー界にも専門用語というのはあって、「沈没」などはまさにパッカーにしかわからない用語だ。ほかにも日本人宿とかチャリダー（自転車で旅行する人）とかボン（大麻を吸う）などいろいろある。

バックパッカー界には「パトロール」という言葉もあるそうだ。

少し前にちょっとディープな日本人宿に行った際、「警部」だとか、「巡査部長」などと呼ばれる人が数人いて、彼らが深夜の時間帯、

「本官、ただ今よりパトロールに出かけて参ります」

などと言っている光景を見た。

そういえば私は今までこのパトロールという言葉を聞いたことはあっても一度もやったことがない。だからパトロールとはなんのことかわからずに、

「彼らはなにをしているのですか?」

と、聞いてみたところ、

「周囲の治安が乱れていないか見回りに出かけているんだよ」

と教えられた。

ただの旅行者なのに周囲の治安を見回るなんて、バックパッカーもなかなかやるではないか。

さらにその警部などと呼ばれている人たちが帰って来ると、周囲にいる人たちは敬礼して、

「パトロールお疲れさまです」

と言っているではないか。どうやら周囲からも尊敬を集めているようである。なんだかいつもだらしなくて世間から非難囂々《ごうごう》的な視線を感じっぱなしの私から見ると、とてもうらやましいかぎりである。

そして彼らの態度がまたかっこいい。敬礼する彼らの仲間に対し、

「本官、本日は行動不審な人物を逮捕しました」

などと言っているのだ。

うーん、渋い、渋すぎる。

いいぞ、私も長期旅行者の端くれとして、一度はこのパトロールとやらに出かけて、世界の平和維持に大いに貢献しようではないか。

ここチリにて望んで止まないパトロールの機会がついにやって来た。

チリの首都サンチァゴからバスで二時間のところにビーニャ・デル・マールという一大リゾート地があって、観光客に大人気だ。

ここには「汐見荘」という日本人宿があって、バックパッカーに人気の宿である。キッチンがあるため自炊もできるし、日本の書籍もたくさんあって長期旅行者にはとても居心地がよい。オーナーのYさんもとても親切だ。あと花子という、毎日遊んでやっているのに毎回私を見るとワンワン吠えて襲ってくるバカな犬もいる。

ビーニャは海に面している街で、ここで買う魚はとても新鮮でうまいそうだ。早速魚市場に出かけてたくさん魚介類を買ってきて、アジのたたきやネギトロやハマグリの網焼きをうめえうめえと食べまくった。

ビーニャにはたいして見所があるわけではない。

そんなときに現れたのが同じ宿に宿泊する日本人Aさん、通称〝警部〟である。

さわやかな風貌《ふうぼう》、鍛え上げられた筋肉、まさに警察官の鑑《かがみ》といった容姿だけでなく、宿泊

のときにチェックインしていると、

「こんにちは、今日来たんですか？」

　などと声をかけてくれ、

「そうです、一週間ほどいようと思ってるんですけど、どこかおもしろい場所ありますか？」

　と質問すると、

「じゃあ明日僕が街中を案内しますよ」

　と言ってくれる。

「夜になったらパトロールに同行しますね」

　と言ってくれた。

　すばらしい先輩にめぐり合えて本官は光栄であります。

　翌朝、

「とりあえず街の中心地まで行きましょうか」

　というわけで、さっそく午前九時に宿を出発。

　汐見荘からビーニャの中心までは徒歩で三〇分くらいの距離があり、てっきりバスに乗っ

て行くのかと思ったが、さすがは警察というか、A警部は、

「お金もったいないし、健康のためにも歩きましょう」

と言って、歩くことになった。この道中は坂道ばかりなので私などのへたれバックパッカーはすぐに疲れてしまったのだが、さすがにA警部は毎日鍛錬しているだけあって涼しい顔だ。

やっとのことでセントロ（街の中心地）までやって来て、私は完全にヘロヘロになっていた。そんな私を見かねたのか、先輩は、

「じゃあコーヒーでも飲みに行きましょうか」

と優しい声をかけてくれた。後輩思いのいい先輩である。そして、

「いいカフェを知っています」

と言って連れて行ってくれたカフェはコーヒー一杯がバス代の三倍くらいもするところだったが、サービスのいい店だった。ただ、サービスがよすぎるというか、なぜか店員はみんな下着だけで踊りまくっていた。そういえば日本が誇る警察も幹部クラスになるとノーパンしゃぶしゃぶで接待されるという。そんな感じだろうか。

「警部、これは？」

「猥褻物陳列罪ですね」

さすが警部、朝食のコーヒー時すら職務に忠実なのだろう。さらに私がカフェ・コン・レチェ（英語でいうとコーヒーWITHミルク、つまりコーヒー牛乳）を注文すると、店員の半裸女は、

「カフェ」

と言ってコーヒーを差し出し、

「コン（WITH）」

と言ったあとに、

「レチェ（ミルク）」

と言って、なぜかブラジャーからおっぱいを出してカップに注ぐフリをした。

「警部、これは？」

「くだらないギャグですね」

あまりにもくだらないギャグなのですぐさま逮捕するのかと思いきや、なぜか先輩はとろけるような笑顔だった。

どうでもいいけど、われわれが油断している隙に店員はパンツも脱いでいた。

その後先輩はネット屋で、チリ人女子高生とチャット、いや女子高生の意識調査を行い、

今度は歩いて一時間ほどのショッピングセンターに行ってデパートガールを見学、いや聞きこみ捜査を行い、さらにビーチに行って水着女性を笑顔で見守った。

こうして午後四時、われわれは本日の勤務を終え、宿に歩いて帰った。なにやら本官は初日だったということで、あまり仕事の内容が飲みこめず、あまり世間の役に立ったという実感がなく、どちらかといえばちょっと恥ずかしい行為をしたような気がする。

そんな疑問に包まれつつも夕食の準備をしていると警部は、

「夕食が終わったらいよいよパトロールに出かけましょうか」

と言う。

「えっ、さっきのがパトロールでは……」

「そんなわけありませんよ、あんなもんただの遊びですよ」

一瞬偉大なる先輩を疑ってしまったことを恥じつつ、本官は今度こそ本当のパトロールに初出勤することになった。


午後一〇時、先輩とともにビーニャからバスで三〇分ほど離れたバルパライソという街に出掛けた。

バルパライソは港町であり、リゾート地のビーニャに比べて治安が格段に悪いと聞く。この日は港に大きな漁船が入って来たらしく、多国籍の大男たちが街を闊歩しており、なにやら事件が起こりそうな夜であった。

早速一軒のパブに入る。先輩からの情報によると、この店で働いている女性は客と交渉して売春行為を行っているという。

店に入ると二〇人以上の若い女性がいて、それを取り巻くように本日入港したばかりといった感じの船員と思われるインド人グループが見える。とりあえず目につくのはショートカットの女性とセクシー金髪女性、そしてオリエンタル女性の超攻撃的美女スリートップ。

「あのスリートップ、気になりますね」

と私が警部に話を振ると、

「うん、お前もわかってきたじゃないか」

と警部は昼間までの表情とはぐっと変わった引き締まった表情をしてうなずく。さらに私が、

「早速逮捕しますか」

と話を振ると、

「いや、あの三人は高い、金がかかる」

警部は謎の言葉を発した。

そうこうしているうちにスリートップの女性はいつの間にか姿を消し、われわれはこの店での捜査を諦め次の店に移動することにした。

ところが次の店はさっきまでの店とは違い、全然若い女性なんぞはおらず、かわりにヒグマとかツキノワグマとか、パンダとかレッサーパンダなどがいるだけであった。全然犯罪のニオイも感じない店だ。先輩は、

「先ほどの店で取り逃がしたのは痛い。かなり後がない状態だ、気合いを入れるぞ」

と言う。むむ、警部もついに本腰を入れて取り締まりを決行するようでちょっと緊張の一瞬なのであるが、私はまだまだ見習い警官だということだろうか、犯罪（売春）のニオイがまったく感じられないぞ。だいたいにして客なんてほとんどいないではないか。

一時間も経ったであろうか、張り込みを続けるわれわれを不審に思ったのか、レッサーパンダ風女性が、

「ユーウォントウーマン？」

などと言ってきたが、私はあくまで一般人であることを装うためサンバを踊ってごまかしておいた。と、警部がついに動いた。

「あいつだ、あいつを逮捕するぞ」

警部が指差す先には、比較的ましなヒグマ風がいた。

「あいつを今から二階の小部屋に連れて行く」

「では今から二人で取り押さえましょう」

おお、ついに逮捕だ、本官初仕事にていきなりの手柄である。ところが興奮する私を警部は、

「いきなり三人は激しすぎる、まずは私が相手しよう」

と制し、

「一時間ほどここで待ってろ」

と言い残し、容疑者を連れて二階へと上がっていった。さすがは警部、新米の私を気遣っての言葉であり、まったくなにも役立たない私は不甲斐ない気持ちでいっぱいだ。不甲斐ない気持ちでいっぱいなのだが、そんな本官を励まそうとしてか、レッサーパンダが私にしつこいくらい話しかけてきた。お前は無罪だ。

一時間と言っていた先輩だが、結局三〇分追加の一時間半の大激闘に及んだらしく、下の階に降りてきたときにはヘトヘトの顔をして、

「本官、本日二回発砲いたしました」

と言っていた。さらに手錠のかわりのためだろうか、がっちり容疑者の手を握っていた。

さすがは警部、というか、お前が買ってるやんけ。

バトル OF セントージャ　アルゼンチン

「世界最果ての街」、ウシュアイア。

ウシュアイアは南米大陸最南端にある街というだけではなく、世界で最も緯度が高いところにある街である。

まさに世界の果て。

その言葉から、強風が吹き荒れるような閑散とした寂しい街並みを想像できる。が、甘い。

オープンカフェとかお土産屋が軒を連ねる、めちゃめちゃツーリスティックな街だ。

そこら中で「世界最果て」に来たという記念スタンプをパスポートに押してもらえたりして、いかにも私のような冒険者などとはほど遠い、オノボリ観光客といった格好の人たちが、嬉しそうにこのスタンプを集めていたりする。

ただのスタンプに「世界の果て」と書いてあるだけである。

まったくオノボリ旅行者というのはあんなもん集めてなにが嬉しいのだろうか。きっと、親戚一同などに、

「私は世界の果てに行ったのだ」

と自慢でもするためだろう。

さっぱり理解に苦しむところだが、私ももらった。

それはともかくとして、この街から南極大陸まではたったの一〇〇〇キロほどであり、市内の旅行会社からは「南極大陸ツアー」なんてものまで催行されている。

南極大陸、と聞けばもちろん私の冒険者魂が黙っていない。

これはなんとしてでも行かなければ、という強い使命感を全身に帯び、早速何軒かのツアー会社にあたってみると、ツアー会社にはまたしても金持ち旅行者風のおっさん、おばはんどもが大挙して押し寄せていて一斉にツアーに申し込んでいる。まったくここはあなたたちのような一般ピーポーが来るような場所ではないのだが、きっとみんな、

「私は南極に行った」

などと自慢するためだけに、必死にツアーに参加するのであろう。これだからツアー客は理解に苦しむ。

その点、私の場合はただひたすら南極の地に立ちたい、危険に立ち向かいたい、という冒険心からこの南極ツアーを熱望するのであって、帰ったらみんなに自慢しようとか、さすが私とか、そんなことは少しも思っていないのが、ツアー客とは違うというか、一緒というか。

南極といえば、太陽が沈むことのない白夜、そして氷で包まれた大地。

これから始まるであろう極寒との戦いにアドレナリンが噴出し、アカギレして痛む手をかばいながらも渋い面持ちで犬ゾリを引いている自分の勇姿を脳裏に浮かべて、その煮えたぎる南極大陸への熱い情熱を旅行会社のスタッフにすべてぶつけると、

「一三日間で三〇〇〇ドル、二〇日間で四五〇〇ドル」

と言われ、こっちは勘弁してやった。


記念スタンプには二匹のペンギンの絵が描かれていた。

ウシュアイアはペンギンの街だ。

別に街中にペンギンがいるわけではないのだが、まるで街のシンボルのようにそこら辺がペンギン化していて、看板にはペンギン、バスにもペンギン、お土産はペンギンキーホルダー、ペンギンライター、ペンギン絵葉書。えらいことになっている。

ウシュアイアに来て最初に泊まった宿のご主人はヒッピー風で、おばはんはペンギン風だった。なかなか親切でいい宿だったが、翌日からは上野山荘に移動した。

上野山荘とは、戦後にこちらに移民してきた上野さんという人が経営している安宿だ。以前までは、たまに知り合った旅行者を自分の家に泊めさせてあげていたところ、いつの間にやら有名になってしまい、今ではすっかり日本人宿になってしまったらしい。

この上野さんという人がかなりおもしろい人だったそうで会えるのを楽しみにしていたが、残念ながら前年に亡くなってしまい、現在宿は奥さんが引き継いでいる。

建物の半分くらいは上野さんと旅行者が自分たちの手でつくったそうで、いかにも山小屋という造りがいい雰囲気だ。宿には五右衛門風呂もある。

麻雀もある。いい雰囲気だ。

あやうく沈没しそうになったが、とりあえずアフリカ行きの日が近くなっていたので一週間だけ過ごすことにした。そしてこの一週間、宿のみんなでレンタカーを使って「世界の道の果て」に行ったり、途中にある湖で釣りをしたり、強風で常に曲がっている木を見に行ったりした。そのほかみんなで鍋をしたり、カレーをつくったり、麻雀したり、アダルトビデオ見たりして大いに盛り上がった。

話の核心は突然だが、カニに移る。

ウシュアイアといえば、ペンギン以外に有名なのがセントージャ。

セントージャとはいわゆるタラバガニである。

街中のそこら辺のレストランには必ず「セントージャ」というメニューがあり、これまたペンギン並みの露出度なのだ。

しかし残念なことに、本当にいいカニはほとんど輸出されてしまうそうで、街中のレストランで食べられるのはほとんどが冷凍物だそうだ。ふっふっふ、そんな偽者でこの海原雄山の舌をごまかせると思ったら大間違い、本当は多分値段にごまかされてうめーうめーとか言っていたかもしれないが、私は上野邸で本物のカニを食った。上野邸のおばちゃんが漁船の人と知り合いで、私が上野邸を訪れた当日、偶然仕入れたところだったのだ。

こうしてその日集まった日本人七人に採れたての新鮮なカニが原価で振る舞われることになった。

カニ料理といえば普段冷凍物や缶詰しか食べられない庶民はすぐに、酢のものや鍋を思い浮かべるかもしれないが、あんなものは所詮大衆の食べ物。

ふっふっふ、そんな外道な食べ方でこの海原雄山の舌をごまかせると思ったら大間違い、本当はどんな食べ方をしても多分うめーうめーと言っていたと思うけど、上野のおばちゃんが、

「至高の料理とは、最高の素材の味を損なわずにできるだけ自然のままで味わう方法……………つまりはカニを塩ゆでにしてそのまま何もつけずに食べるのがベストだ……………士郎」

と言うのでそうすることにした。

ちなみにカニは甲羅だけでもゆうに二〇センチくらいはある巨大なものをひとり一匹丸々である。

早速大きな鍋で七匹のカニをゆでること一時間。鍋から取り出されたカニはゆでる前に比べて赤みが増し、まさに桜紅色。カニの全身から蒸気があがり、部屋中に海からの産物の香りがたち込めている。うまそうだ。

順番にカニを皿の上に並べていく。

まず明らかに大ぶりで甲羅だけでも約三〇センチ、全長で七〇センチくらいはあるだろうと思われるカニが皿に置かれる。

「光沢が浮かびあがり、その姿はまさに海という大自然の恵みがもたらした巨大なルビー。あまりにも眩しすぎて、ああ、立ち眩《くら》みがするわぁ」

と栗田さん（士郎の嫁さん）が言いました。

次々と順番に取り出されたカニがさらに五匹。五匹とも先ほどのカニほど大きくはないが、それでも甲羅だけで二〇センチくらいはある、やはり一般的に見れば大物である。

先ほどのカニと比べたら大きさこそ物足りないが、甲羅からはこれまた光沢が浮かびあがり、今度は大きな物とは違う身の詰まったカニ、その姿はまさに自然という神秘がつくりあげた海のガーネット。あまりにも生きているが如く感じられるカニの躍動感に、ああ、立ち眩みがするわぁ、と栗田さんが（やはり山岡士郎の嫁さん）言いました。

一応みんな同じ金額（約七〇〇〇円）を払っているので、ジャンケンしてそれぞれのカニを決めようと言っていたのだが、これならなんだかどれを食べてもよいといった感じである。

「やっぱり大きいのを食べたいなぁ。まあどれでもいいけど」

と大食らいのWさんと若者のY君。

「私、小さいので充分だわ」

とN夫婦の奥さんが言い、

「まあおれらは二人で分ければいいからな」

と旦那さんが言う。

「全部食べられるかわからないから、みんな先選んでもいいですよ」

と、遠慮がちのS君とHさん。

まだみんな出会ったばかりで打ち解けているとはいい難いが、このカニをきっかけとしてこれから一緒に幸福感を共有する仲間同士。

和気あいあいといった雰囲気で、なんだかジャンケンなんか全然いらない感じだ。私にしたってできれば大きいのが食べたいが、別に小さいカニでも充分だし、こんなところでセコセコするのもなんか貧乏臭くてイヤな感じである。

ついに鍋の底に詰まっていた最後の一匹が取り出された。

と、そのカニは先ほどまでのカニと違って、少々貧弱そうだった。甲羅は二〇センチ弱とやや小ぶりなのはともかくとして、胸板も薄く、他のカニのみごとな桜紅色とは一転して青白いもやしっ子風である。そして何より、先ほどのカニの甲羅には浮かびあがっていた躍動感あふれる光沢のかわりに、明らかに甲羅が破裂して出てきたと思われる卵の白身がこびりついていた。カニで一番うまいとされるカニミソも全部鍋のなかにぶっ飛んだ感じで、少々貧弱そう、いや、はっきりハズレといって間違いない。

　瞬間、さっきまでの和気あいあいの雰囲気はどこへやら、全員無言になった。

「やっぱり大きいのが食べたいなぁ」

「私、〝普通〟ので充分だわ」

「まあおれたちは二人で分ければいいからな」

「全部食べられるかわからないけどまあ〝大きめ〟のがいいなあ」

　みんな先ほどと同じようなことを言っているが、なんだか若干ニュアンスが違うぞ。

　誰もハズレのカニのことについては触れようとしないのだが、先ほどとは明らかに違って殺気がこもっている。

　そういえば、私以外の人たちはみんな前日からこの上野邸に泊まっており、上野のおばちゃんが本日のカニを準備しておいたらしいが、今日になって私が突然やってきたため一匹だけ後から追加されたそうだ。視線が私に突き刺さってくるように感じるのは気のせいだろうか。

いや、誰かがせめて、

「このカニまずそうですね」

なんて言ってくれたら私だって、いや私のような聖人君子の心の持ち主だからこそ、

「今日来た私がこのカニでいいですよ」

などと言っていただろう。が、なんとなくこのカニについては誰も触れようとせずに、みんなして、

「どれでもいいですよ」

みたいなことを言いつつ、「お前のせいや」みたいな視線を浴びせてくるだけなので、私ひとりが先走ってカニを指名するということもできないのだ。

突然だが、第一回ウシュアイア杯・タラバガニ争奪ジャンケン大会が開催されることになった。

間違ってはいけないのが、名目上では「巨大カニ争奪ジャンケン」であるが、実質上は

「もやしっ子押しつけジャンケン」であるということだ。

もちろん私は先ほども述べた通り聖人君子のような人柄であるので、いちいちカニ程度のことでケンケンしたくないし、できればあのもやしっ子カニを引き受けてあげたい。

が、ジャンケンとなると別である。勝ち負けがあるからには、負けたくないというのが人間の心情である。

だいたいにしてこのジャンケンは七分の一が勝ちなのではなくて、七分の一が負けのジャンケンなのだ。負けた人間はなんとも悲惨ではないか。

しかしみんな、この勝負をジャンケンに委ねたのは間違いであったといえよう。将棋や麻雀も強いが、ジャンケンにかけては小さなころから神童とあがめられ「昭和町のジャンケン虎」などと呼ばれてきた私である。七分の一などという低確率で私が負けるわけがない。

それにしても負けた人間はなんともかわいそうである。そのときは私が正々堂々と代わってあげよう。というか、ジャンケンに勝った時点で私がもやしっ子を選んであげよう。さすが私だ。と、いきなり、

「ジャン、ケン、ポン!!」

と始まって、Wさんがまず勝利を収めた。問答無用で希望通りの大きなカニをゲット。

まあWさんは体も大柄だし、最初からあのカニを希望していたのだからこれでよかったと

いえよう。

いきなり始まったため虚をつかれた形となったが、ジャンケン虎が負けるわけがない。

不意をつかれては私もただの人であるが、今度は準備も完了、みごとほかの五人を撃破してくれよう。

「ジャン、ケン、ポン!!」

と無欲だったはずのHさん、

「ジャン、ケン、ポン!!」

とさらにN夫婦が勝ち抜いた。どうやらブランクが長過ぎて勘が鈍っているようだ。それよりもここで言いたいのは、みんな、

「まあどれでもいいけどね」

などと言いながらも例のカニには手をつけず、さんざん選ぶフリをしながらも大きなカニから自分の物にしていったということだ。

こんな雰囲気もうイヤだ、私が勝ってもやしっ子を自ら選び、早くこの勝負にケリをつけたい。

「ジャン、ケン、ポン!!」

…………S君が勝った。S君は三匹のなかから慎重に選ぶ。

「これがいいかな」

と言いながらもやしっ子を指差すS君。おお、君も私と同じ聖人君子だったんだね。

と思ったが、結局ほかのカニを選ぶ。完璧におちょくっている。

こうして私とY君の二人が取り残された。

ありえない。ジャンケン虎がいくらブランクが長かったといえどもここまで負けるとは。

ここで言い訳になるようだが、実は日本じゃんけん協会（JRPSS）の公式ルールではジャンケンというのはタイマンが基本であり、複数によるジャンケンはほとんど偶然で決まる勝負であり、私のようないくらジャンケンに長じた人間といえども負けることも稀にあるということだ。

ジャンケンのコツは相手の手の変化を一時も見逃さない動体視力とそれに対応する反射神経、そしてなによりも勝利に対するあくなき執念である。

タイマンとなった今、もう私が負けるわけがない。必死に、

「まあ、もうどっちでもいいですけどね」

などと言い訳しているが、Y君には悪いがもうここまでといってよいだろう。Y君よ、私が勝ってもちゃんとそのもやしっ子、もらってやるからな。

「ジャン、ケン、ポン!!」

Y君はチョキ、そして私はパー。

ん？

ありえない、この私が七分の一の敗者であるなんて、ありえないぞ。

ありえないけど、よく考えてみたらこのジャンケンの勝者は別にカニを選ぶという権利を取得するだけであり、別に敗者がもやしっ子を押しつけられると決まったわけではない。

そーいえばY君は、どっちでもいいみたいなことを言っていたし、先ほどまでも誰もこのもやしっ子について触れようとしなかった。

ん、これはつまり、よくよく考えてみたら「誰も触れなかった」のではなく、「誰も（もやしっ子の存在に）気づいていなかった」ということも充分ありえるのではないか。そーだそーだ、まだ私のもとにもやしっ子が来ると決まったわけではないのだ。

と、Y君は、

「どっちでもいいや」

と言いながら、速攻でまともなカニを選んだ。

みんなを見渡すと、さっきまでの殺気はどこへやら、今からご馳走をいただくという幸福感に包まれ、笑顔が広がっていた。

そして……。

私の目の前にしっかりともやしっ子カニが置かれていた。

みじめだ、みじめである。

みんなして、

「まあジャンケンしてもみんな一緒だけどね」

などとなにもなかったことのように言っているのが、余計にみじめである。そんなこと言いつつも、私の手元にしっかりともやしっ子があるのだ。

割れた甲羅、あふれて固まった卵、私だけひとり、明らかに貧弱なカニを食べることになった。最初からの予定通りといえる。

わざと負けてやったとはさすが私、である。

結局もやしっ子カニは外見ほどではなく、充分うまかった。

ただ、カニミソはほとんど流れ出ていたようで、あまりなかった。

みんな、

「やっぱりカニミソはうめえなぁ」

などと言っていた。

よかったな。

リアル北斗の拳　南アフリカ共和国

「世界で最も治安の悪いところはどこ？」

という質問を世界各国旅行している人たちに聞くと、ほぼこういう答えが返ってくる。

「南アフリカ共和国のヨハネスブルグ」

私がやって来たケープタウンもかなり治安が悪いけど、ヨハネスブルグは半端じゃないらしい。

とくにオールドタウンはかなり危険な状態だそうで、旅行者の間では「リアル北斗の拳」などと称されている。警備が厳重なバス停の建物から、一歩も足を踏み出せないそうだ。

まあこの手の話は噂ばかり先行して、実際に行ってみるとそうでもなかったりするのだが、ヨハネスブルグだけはちょっと違うらしい。

これは私の体験談ではないが、友人たちが体験したヨハネスブルグがあまりにもすごかったので、少し話はそれるが彼らの話をお伝えしたい。

ジンバブエで出会ったA君は筋肉バカ。

なんせウェイトリフティングの日本代表にもなったようなすごい人で、見るからに近寄りたくない雰囲気たっぷりの人だ。

そんなA君は先日ヨハネスブルグのバス停に到着し、安全という噂のバス停から目の前のホテルまで歩いて行こうとしたそうだ。バスから降りる瞬間には、

「ここが世界一危険な場所か、気合いを入れなければ」

と思い、自慢の筋肉にパワーを送ったそうである。

と、バス停から出た瞬間、後方から何者かがいきなりタックル！　倒されて何名かに取り押さえられているうちに、気がついたらすでに財布がなくなっていたらしい。どうやら敵は獲物の体格などまったく無視しているようだ。

さらにB君の話。

B君は熟練のバックパッカー。旅慣れた雰囲気を全身から醸し出し、ついでに汗臭さも全開で、あまり近寄りたくない雰囲気たっぷりの人だ。

バス停から通りを挟んだ向かいのホテルに宿泊していたそうだが、その通りを渡るためだけにタクシーを使うのがアホらしくなったらしく、財布だけ持ってバスのチケットを買いに行ったそうだ。

と、ホテルから出て通りを横断している最中に何者かがタックル！

あっという間に身ぐるみ剝がされたそうだ。

そしてさらに、

「これはやばい、急いで帰ろう」

と急いで宿に引き返していたところ、またもや何者かがタックル!!

これだけのわずかな間に二度も強盗が出るなんてものすごいのであるが、不運なことにすでに数秒前に身ぐるみ剝がされていたB君は、

「お前、なんで何も持っていないのだ」

と、さらにボコボコに集団暴行を受けたそうだ。

どうやら敵はお金を奪うだけでなく、金がない場合は八つ当たりもするようだ。このような都市で強盗に出会うのは自業自得ともいえるが、八つ当たりで殴られたB君には少々同情した。

南米のアルゼンチンから飛行機で南アフリカ共和国のケープタウンへ。南アフリカはケープタウン周辺を少し観光して、ナミビアに移動した。

アフリカという地域は日本人にとって馴染みのない国がとても多い。

エジプトやモロッコ、ケニア程度なら日本でも有名なので、その位置関係や観光地などが頭に浮かんでくる人もいるかもしれない。

が、しかしその他の国は全然であろう。

そこで、アフリカ各国を日本人にも馴染みのある都道府県にたとえてみれば、なんとなく雰囲気が伝わるのではないだろうか。

例えば、アフリカで一番の都会であり外国人もたくさん住んでいる南アフリカは日本でいえば東京だし、人口も多くみんなに恐れられているナイジェリアは大阪だ。歴史遺産の宝庫エジプトは京都だし、いまだ未開の土地が多く残るコンゴは北海道だろう。

そういえば国土の大半を湖が占めているマラウイという国は、その出身者にいわせれば滋賀県らしい。こうなると人口が少なく砂漠に包まれたモリタニアは鳥取だし、美人が多いといわれているエチオピアは秋田県だろう。

アフリカを旅行する人々の間では、アフリカのなかでもナミビアという国が人気らしい。ナミビアといわれてもどこにあるのか、なにがあるのか、さっぱり知らない人も多いと思う。しかしこの国には、きれいな海があり、広大な砂漠もあり、野生動物がたくさん見られるサファリあり、とアフリカらしい大自然をすべて堪能できるうえ、他のアフリカ諸国のように治安も悪くなく、快適に旅行できるそうだ。

さらにナミビアといえば、あの「ブッシュマン」の映画で一躍有名になった「コイサン族」がいるという。彼らは文明社会に追いたてられつつも、そんな文明を避け、昔と変わらぬ生活様式を続けているそうだ。

会いたいぞ。

というわけで、ケープタウンで福井県出身のT氏と合流し、われわれはバスでいっきに北上してナミビアの首都ウイントフックにやって来た。

そういえば、ある旅行者の間では、日本のなかでも福井県が人気らしい。福井県といわれてもどこにあるのか、なにがあるのか、さっぱり知らない人もいると思うけど、実は、それなりにきれいな海があり、全然広大じゃないけど砂浜もあり、水がきれいだから日本酒が美味しいらしい。

まさにアフリカのなかの福井県、ナミビア共和国。

話はすっかりそれてしまったが、私とT氏は、ウイントフックの宿で出会った埼玉県生まれのM氏と三人でこの国を周遊することにした。

ところがナミビアという国は公共の交通機関が少なく、主要な観光地を回ろうと思うと、ツアーに参加するしか方法がなく、これがまたとんでもなく高い。

そこで国際免許証を持っている両人に便乗して、五日間レンタカーを借りてこの国を回ることにした。

まずは初日、ナミビアで一番の観光地「ソススフレイ」を目指して、ひたすら車を走らせる。ここは世界最古といわれ、アフリカでもサハラ砂漠に次いで二番目の大きさを誇るナミブ砂漠が広がる地域だ。

関係ないけど、福井県で一番の観光地といえば「東尋坊」。

ここは世界的にはどうか知らないけれど、日本では富士山麓の樹海に次いで二番目くらいに自殺者が多い、自殺の名所だ。

まさに、ナミビアの東尋坊。

車を走らせること六時間。たどり着いたソススフレイは、赤茶けた砂丘が見渡すかぎりに広がるダイナミックな景観であり、M氏は、

「おお、すげえ」

と大いに感動し、その横で私とT氏はなぜか郷愁にかられて静かに感動していた。

その日は近くのキャンプ場に宿泊し、翌日はワルヴィスベイに向かった。

ガイドブックによると、「ワルヴィスベイ自体はとくにおもしろいものはない退屈な港町」とあるが、しかしここにはフラミンゴがたくさん生息しており、季節によってはこの湾がピンク色に染まったりしてそれはすごいらしい。

ちなみに私の生まれ故郷の福井県敦賀市は、田舎なので「とくにおもしろいものはない退

屈な港町」などとよく言われるが、小学校以来の友人である今川くんの家に行けば、季節にかかわらずピンクのビデオがいっぱいで、そりゃもうすごい。

ワルヴィスベイまさに、ナミビアの今川家。

三日目はナミビア北部に位置するエトーシャ国立公園にやって来た。

ここはサファリができるところである。

サファリというと、いかにも4WDの車でショットガンを持ったガイドと一緒に草原を走り回るというイメージがあるのだが、ここでは自分で車を乗り入れても間近に動物が見られるそうである。

もちろん専門のガイドがついてくれればそれだけたくさんの動物が見られる可能性が高いが、自分たちだけで行けばもちろん安いし、なんといっても好きな時間だけのんびりと見られる。

車を走らせること、一〇時間以上。距離にすると七〇〇キロメートル以上をひたすら走り続け、ヘロヘロになりながらもなんとかたどり着いた。

それにしてもナミビアという国は運転が非常に楽である。

道がかなり整備されているにもかかわらず、車の交通量が少なく、少し田舎のほうに行くと一時間に一台すれ違うかどうか、といった感じである。見たこともない標識があって、「注意!!」と書かれたその標識のなかには、ゾウとか水牛など動物の絵が書かれていた。

くぐる。

　どうやって注意するのかは謎だけど、入場料を払ってエトーシャ国立公園のゲートを車で
　この国立公園は東西に三〇〇キロ、南北に一〇〇キロほどの広さがあり、そのなかの車道（未舗装）なら自由に走れる。

　ただ、自由に走ってよいといえども当然規則もあり、時速四〇キロ以上出すと動物が驚くからダメだとか、フェンスで囲ってある休憩所以外では動物に襲われるから車から降りてはいけない、などとされている。野生動物がそのまま生息しているだけなので、なんだかんだいって危険なのだ。

　公園内は当然動物園ではないので、どこにキリンがいるとか、ライオンがいるとか、そういった情報はいっさいない。適当に走り回るしかないのだ。

　と、入場ゲートから車を走らせてものの数分もしないうちに、トムソンガゼルの群に出くわした。

「おお!!」

　と盛り上がるわれわれ。動物たちは人間が危害を加えないことを知っているのか、われわれの車を見ても逃げようとせずに、のんびりとこっちを眺めたりしている。

　さらに進むこと数分、今度はインパラの群れだ。群れといっても何百頭などというレベル

ではなく、一〇頭程度だが、これまたのんびりとこっちを見てたたずんでいる。まさに充実のサファリ体験に、われわれは大いに盛り上がった。

その後、オリックスやシマウマ、ヌーに遭遇。公園はかなり広いので、一時間ほどなにも見ないときもあれば、立て続けに動物に遭遇するときもある。われわれは血眼になって動物の影を探し続けた。

それにしてもシマウマはともかく、トムソンガゼル、インパラ、オリックス、ヌーなどといわれても、あまりその姿をイメージできる人は少ないであろう。われわれだって、手元にある動物ガイドの写真と実物を見比べながら、

「あ、あれは胴体の毛色が三色に分かれているからインパラだ」

などと言っているだけである。

そこで、各動物を日本人にも馴染みのある都道府県にたとえてみる。

例えばサファリに行けば必ず現れるほど数は多いのに、あまり自己主張がなく、なんとなく忘れ去られがちなトムソンガゼルは、出身どこですか？　と聞くと、

「東京です」

と言っている千葉県であり、胴体部の毛色が三色に分かれているインパラは、どこの地方出身なの？　と聞けば、

「関東です」

などと言うわりには、ときには上信越、ときには北陸に入れられている新潟県。

その他、オリックスは神戸だし、バッファローは大阪、ライオンは埼玉、ドラゴンは名古屋でベイスターは横浜。

福井県はシマウマである。

サファリに来て初めて思ったのだが、シマウマという動物は実にきれいな動物である。どこで見ても毛並みが美しく、その二色の毛色のせいだろうか、腰から足元にかけての体のラインは、T氏が言うには、

「セクシーで、女を感じる」そうだ。

動物に女を感じるT氏はちょっとやばい。

しかしほかの動物と仲良く共存し、いつも穏やかにつぶらな瞳で遠くを見ているシマウマは、セクシーなのに性格温厚、他の都道府県の悪口など絶対に言わない、まさに福井県そのものである。

「シマウマってここに来るまでけっこうバカにしてたけど、かなりいいね。さわやかだね」

「なんていうか、あの目が癒し系だね。性格よさそうなのが浮き出てるね」

などとシマウマに遭遇するたびに騒ぐT氏とM氏を横目に、私は、

「そうなんだよ、君たちもなかなかわかってきたじゃないか」

と、ひとり静かに納得していた。

そんなこんなで車を走らせて二、三時間。突然キリンが目の前に現れた。

キリンはかなりポイントが高い。サファリに来ればそれほど珍しい動物だとはいえないが、あの長い首、そしてギザギザ模様の毛並みでゆったりと走る姿には思わず見とれてしまう。

この時点でわれわれはあまりにも多くの動物を見ていて、シマウマが現れたときこそ、

「おお、素敵だ」

などと騒いでいたものの、すでにトムソンガゼル（千葉県）や、ヌー（和歌山県）を見ても、

「もういいよ、飽きた」

などと言い、他にもトピ（宮崎県）やホロホロ鳥（富山県）を見ても、

「まあ、珍しいけど、しょぼいな」

などと言っていたが、さすがにキリンには興奮した。

キリンの前ではいかにシマウマといえども存在感が薄くなり、その後ちらほらと現れるキリンには、

「いいねぇ、かっこいいねぇ」

などと絶賛なのであるが、シマウマを見たT氏は、

「そろそろ飽きてきたね」

などと言っている。

そういえばサファリでは「ビッグ・ファイブ」という言葉がある。これは狩猟が盛んだった時代に、ハンティングに最も危険が伴った動物たち、ゾウ、ライオン、バッファロー、ヒョウ、サイ、の五種を指すらしい。

今まで草食動物ばかり見てきたが、このエトーシャ国立公園にはビッグ・ファイブのうち、ヒョウとサイこそあまり生息していないが、他のゾウ、ライオン、バッファローは見られる確率が高いらしい。

そしてついに、ビッグ・ファイブの一角、バッファロー（大阪）が現れた。

たしかに姿形こそヌーに似ているが、頭部にある鋭い角と険しい表情からはまさに堂々とした迫力が感じられる。なんでも現地の人に聞くと、このバッファローは怒らせると野生動物のなかでも最も恐ろしく、角で思いっきり突っ込んで来るそうだ。

動物たちにも恐れられているようで、今までガゼルやキリンたちと楽しくたわむれていた八方美人のシマウマも、さすがにバッファローには近寄ろうとしていない。

さらに進むと、森林のなかの大きな水のみ場にゾウがいた。われわれも、

「大きい!!」

と大興奮である。ゾウは怒らせるとかなり恐ろしい動物だそうだが、普段はのんびりとしていておとなしい。鼻で水をすくったりして、

「パオー」

などと叫ぶ雄大な姿は、まさに北海道。大地の恵みといった感じである。

ゾウは草食動物なのでほかの動物からも怖がられていないのか、周辺をクドゥ（徳島）やインパラ、シマウマなどに取り囲まれながら、一緒に水浴びしていた。

そして夕暮れ時を迎え、その日のサファリも終わりかけるというまさにそのころ、ついに、ビッグ・ファイブの大御所、ライオンに出くわした。

さすがはサファリの人気者ライオンらしく、周囲には一〇台くらいのサファリカーがエンジンを止めて見守っている。

残念ながらオスはおらず、メスが三頭草原に寝そべっているだけだったが、われわれも、

「ライオンだ、ライオンだ」

と、興奮が絶頂に達し、ほかの車と同様にエンジンを止めてしばらく眺めることにした。

ところが最初こそ興奮していたわれわれであるが、待てど暮らせど、一時間ほどライオン

は寝そべっているばかりでなにもしようとしない。オスと違ってメスライオンというのは見た目も猫とそんなに変わらず、私は少々飽きてきた。

「ライオン、狩りしないかなぁ」

なんといってもライオンは「百獣の王」だ。狩りでもして存在感をアピールしてほしいものである。

と、突然ライオンが立ち上がり、その鋭い眼光に光が灯った。

視線の先には……。われらが愛しの性格温厚さわやか動物シマウマではないか。

私は思った。

「喰われろ」と。

肛門激痛〜ラララ入院編〜　モザンビーク

その日私は、ジンバブエから同行したN君とともに、モザンビーク中部の大都市（っていっても小さいけど）ベイラから、ケリマネという小都市へ移動していた。

この日の移動は距離的にはたいしたことないのだが、朝五時に出発したにもかかわらず、到着予定は深夜遅くという、けっこうハードな移動であった。

というのも、モザンビークという国は東アフリカのなかでも有数の貧困国で、つい最近まで内戦もやっていたらしく、道路という道路はほとんど舗装されてないうえに、バスもボロい。くそ暑いなか、バスはぶっ飛ばすもなかなか進まず、そして午後四時ごろ、われわれのバスはなぜかザンベジ川という大きな川の手前で止まった。ここには橋なんかは全然なく、通る車両はみんな筏《いかだ》をちょっとましにしたような渡し舟に車を乗せて越えるしかないそうである。

しかし待てど暮らせど、われわれの順番は回ってこず、二時間ほど待った午後六時ごろ、いよいよわれわれの順番だというまさにそのとき、渡し舟を管理しているおっさんどもが、

「はーい、今日はここまで。明日来てね」

とぬかしやがった。この理不尽な行動に現地人たちが大騒ぎしたかといえばそうでもなく、みんな、

「あ～、さっさと寝る」

といった感じで適当にその辺にゴザとか敷いて寝る準備をしている始末だ。

まあ私もテントを持っているし、こんなところでジタバタしても仕方ないのでさっさと寝ようと思ったが、運の悪いことにこのときN君はかなり体調を崩していた。この日のバスは常時震度二くらいの揺れが続き、その振動によってN君は完璧にやられていた。どうやらN君によると、

「過去の経験からすると膀胱炎《ぼうこうえん》だと思う」

そうで、すっかり顔面蒼白である。

心配そうな顔で見つめていると、現地の人たちが集まってきて、モザンビークは公用語がポルトガル語であるためなにを言っているのかイマイチわからないけど、

「彼は大丈夫なのか？　病院に行ったほうがいいのではないか？」

などと言っているようである。

N君はかなり苦しそうであり、さすがにこのままにして放っておくわけにもいかないので、そのうちのひとりと交渉して五ドルで手を打ち、近くのカイアという村まで連れて行っても

らうことにした。

車で来た道を引き返すこと約三〇分。この辺は周辺になにもない、ひたすらあぜ道が続くところで、当然ながら街灯もなく、真っ暗のデコボコ道を車のライトだけを頼りに進んだところにカイアの村があった。もっとも村といっても電気も通ってないようなところで、みんなロウソクだけで生活しているような場所だ。

ここで一軒のペンション（といってもただの小屋だけど）にN君を寝かしてしばらく待つと、N君は、

「ちょっと楽になったよ」

と言う。

しかしN君の様子を見るかぎり、まだまだ苦しそうであり、もしかしたらわれわれはこのカイアという何もない村に数泊する必要があるかもしれない。

ところが、われわれのバックパックはここまでやってきたバスの屋根にくくりつけたままであり、そのバスは明日の朝、何時に出発するかもわからず、このままのんびりしているわけにはいかない。

そこで、もう一度ここまで連れてきてくれたドライバーと交渉し、彼と一緒にバスの所まで引き返し、バックパックを持ってこのペンションに戻って来ることにした。

再び車に乗ってザンベジ川まで引き返す。

ドライバーはけっこう英語が話せて、

「オレのことはサブと呼んでくれ」

というモザンビーク人。

彼はどうやらいいところのボンボンらしく、その辺の人たちと身なりも違えば、乗っている車もトヨタのランドクルーザーの新車だった。英語も話せるということは、きっと親にいい大学とか行かせてもらっているのだろう。

「本当にありがとう、助かったよ」

と言うと、

「おれはわざわざお前らのために車を出してやった、いいヤツだ」

とかなんとか言ってくる。まあこれだけならいいのだが、

「ガソリン代が高いのだ」

とも言う。暗に、もっと金をよこせと言っているのだ。

と、ランドクルーザーが急ブレーキを踏んだ。

ガツン、ガツン、ガツン……………

直前まで比較的フラットな道路だったが、深さ三〇センチくらいの穴ぼこで一面デコボコ

になっている未舗装道路に、車が飛びこんだ瞬間だった。

そしてこのとき、直前まで車は時速一〇〇キロ以上のスピードを出していた。当然私の乗っている車は急に止まれるわけもなく、サブが急ブレーキを踏んだときにはもう遅かった。

私は完全に死を覚悟した。

「ああ、死ぬんだな……ラララ～」

車は五回ほど高く跳ね、二回転スピンをかまし、そして止まった。

周辺にはひたすら畑が広がっていて、車がどこにもぶつからなかったのが不幸中の幸いだった。

人は死を覚悟したとき、きら星のごとくこれまでの人生のさまざまな瞬間を思い出し、最愛の人を見つけたときの喜び、両親に抱きかかえられた喜び、そんなことが走馬灯のように脳裏に流れるそうだが、私も思った。

「肛門が痛い……ラララ～」


止まった車は側面にはそれほどの損傷はなかったが、下部はボコボコに変形し、ガソリンが流れ出ていた。

私は、自力で立ち上がれなかった。

外傷こそないものの、腰、胸、肩、尻、左足を強打し、とくに腰には気を失いそうになるほど激痛が走っていた。

「ウォー、ウォー」

声にならない叫びをあげる。そしてサブも、

「ウォー、ウォー」

と同様に叫ぶ。真っ暗闇のなか、二人の男が怪しい叫び声をあげていた。知らない人がいたら変態だと思われても仕方がない。

サブは少し胸を押さえているものの、ハンドルを握っていたせいで私よりも軽傷のようだが、ひたすら叫ぶ。

「オウマイガー!!」

さらに、私が大ケガをしていることに気づいたのであろう、

「おれの人生は終わった――――」

と涙を流して叫んでいる。

そりゃそうだ、私のような日本代表的存在、国賓といってもよい存在の人間をこんな目にあわせたら、お前の人生は終わっているといってよいだろう。彼はさらに叫んだ。

「車が壊れた!!!!」

完璧になめている。もっと心配しろ。

その後も大変だった。サブはひたすら、

「ママー、ママー」

と叫び、まったく私を眼中に入れようともせず、助けようなんて様子はさっぱりない。

私は暗闇のなか、立ち上がれないのでエビのような体勢になりながら自力でトラクターをヒッチハイクして、それに乗り込み、病院に連れて行ってもらった。

自他ともに認める個性派女優の私だが、そのとき私は、真っ暗闇のあぜ道をカタカタと走るトラクターの上で冷や汗をダラダラとかきながら、横になっていた。

そして私はなぜか、酔っ払ってへべれけになっているおっさんの下半身に頭をがっちりうずめながら、体を思いっきりブリッジしていた。私はなぜ、鼻をたらした見知らぬおっさんの股間にジャーマンスープレックスをかましているのか。

たしかに私は日々、個性的な女でありたいと思い、そのように生きてきた。

が、なぜここまでして私は個性を追求しているのか。

その前に、私は男だったのではなかろうか。

ダメだ、混乱している。

私の耳元では、レフェリーのジョー樋口が、

「ワン、ツー……」

と異常にスローテンポでカウントを数え、私は体の痛みが激しすぎるため、苦痛に耐えようと、

「ウォー、ウォー……」

と言葉にならない叫びをあげていた。

私がこうして死の淵をさまよっている間、周辺にいた現地のモザンビーク人は、その叫びにより、言葉は通じなくても、私の体の異変を心配したのだろう。

「オウ、チーノ、チーノ。ワッハッハ」

と、うけまくっていた。

ガタガタと揺れるトラクターに揺られ、病院までの三〇分は非常に長かった。

トラクターには一〇人ほどが乗り込んでいるが、突然の来客にみんなひたすら迷惑そうな顔をして、そして笑っていた。

ただひとり、酔っ払いのおっさんだけが助けてくれた。

腰も痛いが、胸も強打していて、普通の体勢だと肺が苦しい。そんな私の苦しみを、彼は必死に和らげようと、言葉が通じないので全力で私を抱きしめた。

言葉が通じない不安、誰も助けてくれない孤独のなか、彼の行為が私の胸を打ち、キリキ

りと胸が痛み、肺が苦しく、息ができないほど辛く、ワー、ウォー、助けてくれー、なんでこんなに胸が痛いんだー、と思ったら犯人はおっさんだった。抱きしめると痛いぞ。

しかし、ともかく彼は私に、

「もうすぐ病院だから、がんばれ」

みたいな感じの言葉を連呼し、私は必死に気を失わないように冷や汗をダラダラ流しながらもがんばった。病院に行けば、鎮痛剤でも打ってもらい、少しは痛みが和らぐだろう。がんばれ私、ファイトだ私、かっとばせ私。

こうしてたどり着いた病院は、電気もない、水も出ない、そして何よりもドクターがいない病院だった。

英語も通じないその辺の助手みたいな人に鎮痛剤を打ってもらい、遠くなる記憶のなかで私はこう思った。

「病院ちゃうやんけ」

追伸・三日後、近郊の大病院に救急車で運ばれた私は、二週間の入院生活を経て無事復活を遂げました。

世界最貧国の真実　エチオピア

エチオピアはアフリカ最貧国のひとつにあげられる国である。

この国について、旅行者たちの評判は軒並み悪い。

なんでもエチオピアは、アフリカで唯一ヨーロッパの国に植民地化されていない国なのだが、おかげで他のアフリカ諸国とも違った、独自の文化や価値観が残っているという。

一体どんな国なのであろうか。

ケニアからミニバスやトラックを乗り継ぎエチオピアの国境を越えた。

国境からはエチオピアの首都アジスアベバを経由して北部の観光地を目指す。

首都アジスアベバにはスーダンのビザを申請するために立ち寄ったのだが、ここにあるイタリアンレストランのウエイトレスがとてつもない美人で、私はいっきにこの街が好きになった。

名残惜しくもアジスアベバを出て、北部の村ラリベラへ移動。

ラリベラは、エチオピア随一の観光地だ。

ここには一二世紀に造られた一一の教会が残されており、世界遺産にも登録されている。

なんでもこの教会は一枚岩の岩盤を掘り抜いて造ったそうで、さらにそれぞれの教会がトンネルで繋がれているというとんでもない建造物だ。

これだけの観光地であるから、当然現地人は面倒くさい人間が多い。私、クリス、そしてアジスアベバで合流したK君の三人は、バスから降りるや否や、

「ハローフレンド、ガイドはどうだ?」

と言い寄ってくる現地人一〇人くらいに囲まれた。

彼らを雇ってトラブルに発展したという話は多くの旅行者から聞いている。

とりあえず宿を探そうと、彼らを振り切ろうとするが、これがなかなかしつこく、宿の部屋まで勝手に入って来るわ、おれがこの宿を紹介したのだと勝手に言ってコミッションを取ろうとするわでとんでもない。

エチオピアというのはおかしな国で、普通客引きというのはホテルと提携していて、客を連れてくればホテル側から報酬をもらうのが筋だと思うのだが、なぜか彼らはわれわれ旅行者から報酬を受け取ろうとする。

ほかの場所でもホテルの目の前で待ち伏せていて、われわれがチェックインする寸前に端から割り込み、

「このホテルはおれたちが紹介した、金よこせ」

と言ってきたり、

「ホテルに連れて来たのになにもしないなんて、お前はなんという人間だ」

と逆ギレする男まで現れて、まったくエチオピアという国は謎である。

とにかくわれわれは無駄なトラブルを避けようと、ラリベラのバス停近くのカフェに陣取り、ガイドもどきの連中がどこかに行くのを待ってから行動しようということになった。

そして敵がカフェの前でしつこく待ち伏せしている様子を見て、われわれのうち二人が彼らを引きつけている間に、誰かひとりが散歩にでも行ったフリをして、その間に宿を決めてしまおうという作戦に出た。彼らには考えつかないような、大変合理的な作戦といえる。

まずはクリスが出発。ところが三〇分ほど待っても帰って来ない。

少し心配になり、このまま知らない村に友人を彷徨《さまよ》わせているわけにもいかないので、今度は私がクリスを探しに出発。ところが村は意外と広く、どこに行ってもクリスの存在が見当たらず、一時間ほどしてカフェに戻ると、クリスは戻っていたものの、今度はK君が私のことを心配して探しに行ったという。その後K君の戻りが遅いということでまたしてもクリスがK君を探しに出かけ、するとK君が戻って来るという悪循環が続いた。

全然合理的ちゃうやんけ。

しかし、この作戦のなかで、ひとつだけ成功ともいえる出会いがあった。

私がクリスを探しに行っているときのことだ。やんちゃくさいガイドもどきはちゃんと振り切ってきた私だが、なぜかひとりの少年が黙々と私の後ろをついて来ている。とくに声をかけてくることもないので文句を言うこともできず、しかしあまりにもしつこいので、

「なんでお前はついて来るのだ。さっさとおうちに帰りなさい」

と言うと、彼は、

「あなたが私の父親に似ているからです」

と答える。

彼の名はゴードン。一〇歳の小学生。

聞けば、彼の出身はもっと田舎の村で、しかし将来医者になるために両親を説得して、現在ここラリベラの小学校に通っているのだという。一〇歳のくせに私なんかよりよっぽど英語も話せ、礼儀正しい。

「私は医者になり、自分の村の病気の人を助けたいのです」

などとすばらしいことを言う。彼はそのために一〇歳にして両親のもとを離れ、現在は学校の先生のところに住んでいるそうだ。

そんな彼が、村で偶然私の姿を発見し、長らく離れている父親の姿を私にダブらせ、意味もなく私について来ているのだ。涙なしでは語れないエピソードである。さすがの私も、も

う一〇歳にもなった子供にお父さん扱いされて泣きそうだ。

宿も決まった後、結局われわれはゴードンをガイドとして雇うことにした。別にゴードンがガイドをやりたいとか言っていたわけでもなく、彼はここに住んでるし、英語も話せるし、うるさくもない。どうせ難しい説明なんて聞いたってわからないし、われわれは教会さえ見られたらそれでいいのだ。

ゴードンにガイド料はいくら欲しいか尋ねると、

「いくらでもいい」

と言い、相場であろう金額をわれわれが提示すると、

「そのお金は先生に渡して、教科書を買ってもらいます」

という感心な子供である。エロ本とか買うなよ、と言いかけた私がバカみたいである。

その後三日間、われわれはゴードンとともに過ごした。ゴードンの父親は牧師さんだそうで、彼の知識も思っていた以上にすばらしく、ひとつひとつの教会を見ては、

「これはナントカ年にドコドコ王朝が攻めてきた際、ナントカという人が隠れるために造ったものです」

とか、

「この壁画にはナントカという、ナントカが、ナントカで、ナントカです」

と非常に明確な英語で説明してくれて、われわれはラリベラの歴史について深い知識を得ることができた。きっと将来、役に立つときが来るだろう。

観光が終わってもゴードンは地元で人気の蜂蜜屋だとか、安食堂なんかに連れて行ってくれ、さらに、

「すばらしい景色が見える丘があるんだ。ちょっとだけ歩いて行きませんか」

と言い、村の麓にある丘へ一緒に登ったりした。その心遣いに私は深く感動し、ちょっとと言っていたのに三時間も歩かされたことについては触れなかった。

とにかくわれわれと一緒にいるときのゴードンはとても大人で、それが彼の普段の姿だと私は思っていた。しかし、最終日に彼の友人も交えてご飯を食べているとき、友人と一緒にカンフー映画の話を楽しそうにする姿は、やはりまだ一〇歳の子供で、そんな彼の背伸びした姿が、またかわいらしくも感じた。友人というより、かわいい弟ができた気分だ。

そして別れの夜、ゴードンはわれわれの泊まっている宿に、わざわざ見送りに来てくれた。

「気をつけて旅してください。またエチオピアに来てほしい」

ゴードンは最後まで大人であった。が、大人のフリをしながら、顔をグチャグチャにしながらも必死に涙をこらえているのが、私には手にとるようにわかった。

「わかった、ゴードンもがんばって医者になるんだぞ」

「……はい……うん………さようなら……また……」

最後を締めくくるべく、私は彼にギターで一曲贈り、彼はその曲を聴きながら、しんみりとした顔つきで、

「トシ、日本に帰ったらぜひともあなたの曲をテープで送ってほしい」

と言った。私がいなくなっても、いつまでも私の声を聞きたいのだという。うっ、うれしいことを言うではないか。こんな私のテープでよければいくらでも送ってあげるぞ、わが弟ゴードン。

「お父さんを思い出すんだ」

それを言うな。

エチオピア土着の文化　エチオピア

エチオピアの有名人といえばマラソンランナーのロバ選手。

一九九六年のアトランタ・オリンピックで金メダルを取ったことで一躍スターとなり、エチオピアでは英雄的存在だ。

街中の市場などを覗くと、

「ハローチャイナ。いい服売ってるぞ」

などという声とともに、ロバTシャツ、ロバジャージ、ロバパンツなど、さまざまなロバグッズで溢れかえっていて、旅人の買い物魂を激しく揺さぶっていなかったりする。いらないぞ。


またエチオピア土着の文化で評判の悪いのが、インジェラという料理だ。

インジェラとはエチオピアの主食で、日本でいえば白米にあたる。彼らは常にインジェラとおかずをセットにして食べており、国内のどこのレストランに行ってもこの料理がある。

肝心のインジェラとはどんな食べ物か、というと、見た目はクレープに近い、白くて薄く引き延ばした軟らかい生地である。

おっ、うまそうではないか、そんなもんがなぜ評判悪いのだ、という人もいるだろう。私もそう思った。が、食べてみるとわかるが、彼らはこの生地を何晩も寝かせて発酵させており、とてつもなく酸っぱい。

その味覚はクレープの生地を梅干の汁に漬けて一晩くらいおいたものを想像していただければいいと思う。それがインジェラだ。

エチオピアを旅行すると、どこに行ってもこのインジェラを食べるはめになる。レストランに入ると、メニューは、

・インジェラ&野菜

・インジェラ&肉

なのだ。

まあタイやインドに行けばほとんどの料理は辛いのであり、辛味のかわりに常に酸味を加えた料理だと思えば、インジェラ&野菜やインジェラ&肉、というのは理解できないこともない。実際何度か食べている間に慣れてきて、これはこれでうまいのではないだろうか、と思えるようになってきた。

しかし私があるとき入ったレストランには、こんなメニューがあった。

・インジェラ&インジェラ

深い。

先ほども書いたようにインジェラは梅干のような味をしており、ということは、梅干を梅干で食べるような感覚であろうか。

だいたいにして世界中見わたしても、主食である米を米で食ったり、パンをパンで食ったり、イモをイモで食ったりする文化は見たことがない。

が、ここで先ほど述べた、常識の転換である。われわれの常識は通じないのだ。

私の尊敬する食通で有名な海原雄山先生も、

「常識の殻を壊すことで、新しい味覚が開拓できる」

と言っていたので早速注文すると、いつものインジェラの隣に、金属製の小型ボールがあり、そこには透明の液体に漬かったインジェラ(スープインジェラ)が入っている。

まずは小手調べにその液体だけをスプーンですくって口に入れてみる。と、

「その液体は、すべてのインジェラの酸っぱい香りを集めて凝縮したような香りで……それも酸っぱい香りだけでなく、気分を引き締める酸味の成分もあって……その香りに包まれると梅干が咲き乱れ、さまざまなインジェラが実る楽園に運ばれるような気がして……」

マズい。

なんとか普通のインジェラは食べられるようになったはずだけど、これはさらにディープなインジェラである。

が、しかし、料理とはトータルな味覚のハーモニーである、と海原雄山先生も言っておられた。

そしてマイナス×マイナスはプラスである、と高校の武田先生も言っていた。

とにかく私が食べたのはまだスープインジェラだけであり、ここにノーマルインジェラを絡ませるのが彼らエチオピア人の道義であり、まだまだこの料理を否定するわけにはいかないだろう。

いよいよノーマルインジェラにスープインジェラを包んで、口に運ぶ。と、

「ひとくち口に含むと、とろりと酸っぱいんだけど、べたべたした鈍重さはなくすっきりした酸っぱさで……舌の上に運ぶと今度は酸味が鼻に抜けて、ただ香りを嗅いでいたときとは比較にならない酸っぱさが溢れかえり……そして飲み込むときにインジェラが喉の奥に触れるとそれまで感じていたのとはまた違った酸っぱさが口に広がり……飲み込んでしまうと今度は後味の奥底に舌を引き締めるすごい酸味があって……」

吐きそうだ。

と、残念ながらインジェラにはメダルを贈ることはできないが、エチオピア人のホスピタリティーにはぜひともメダルを贈りたい。

旅行者の間ではエチオピア人の評判はたしかに悪かったが、実際につき合ってみるといい人も多い。私は長距離バスの移動を合計七回も繰り返したが、そのほとんどで隣席のエチオピア人にインジェラをご馳走になった。

インジェラばかりご馳走してくれて、エチオピア人さん、本当にありがとう。

こうして摩訶不思議な国エチオピアの旅は続いた。

エチオピアはやたらと無駄に国土が広く、おまけに山道が多いため、ただでさえ広いのに目的地までたどり着くには距離のわりに異常に時間がかかる。

ケニアとの国境から首都アジスアベバまでは丸二日。

もちろん快適なバスなら二日間の移動くらいたいしたことはないのだが、この国のバスはどういうわけか足元が異常に狭く、足が前の座席につっかえて、異常に疲れた。

翌日乗ったバスも同様に足元が狭く、さらに私の背が高すぎるからだろうか、座席の背もたれも私の肩口付近までしかない。普通長距離バスといえば、首を固定して疲労を軽減させるためにもシートが頭の上くらいにまで伸びているものだが、座席の背もたれが肩口までしかないのだ。

横幅もおかしい。三人掛けというそのシートには現地人が二人腰掛けており、どう考えても私のスペースは〇・五人分くらいしかない。私が旅に出ている間に太ったのだろうか、それとも彼らは現在反抗期なのだろうか。というか、これはバスの構造自体が間違っているのではないか。設計がおかしいのではないか。しかもその間違い設計のバスを、なんで国内全車共通で使っているのか。謎は謎を生む。


エチオピアの長距離バスの出発時間はすべて午前六時発である。

どういうことかといえば、日本でいうなら東京↓名古屋のバスも、東京↓仙台のバスも、東京↓新潟のバスも、全部まとめて同じバス停から同時に出発するのである。しかもバスのチケットは座席の指定がなく、バス停の門が開く五時半になると、みんなバス停の前で座席を取るために並んでいる。

毎日同じ時間にバスが出発するなら、時刻表を調べる手間がはぶけていいじゃないか、という意見もあるだろうが、毎回朝五時に起きなくてはならないのだ。

無理をして五時に起きてバス停に出かけたが、到着したころにはすでに入り口ゲートの前に三〇〇人くらい人が並んでいた。

そしてゲートが開く五時半に近づくにつれて一斉に人がワァーと押し寄せる。そこは老若男女入り乱れた、ひとつの戦場になっていた。みんな座席を勝ち取るために、押し合いへし合い、殴るわ蹴るわの地獄絵図である。

アホらしくて参加できない私であるが、油断している隙に片手をあげた格好のままワァーと、人波に押されてバスの前まで運ばれて行き、それならそれで、バスに乗り込んでやろうと気合いを入れると、今度は逆方向から人込みに押され、ワァーと言ってる間にグリコの格好をしたまま入り口のゲート付近まで押し返されていた。

そんなこんなでなんとかありつけた私の座席には、足元の空間いっぱいに他人の荷物が敷き詰めてある。早い者勝ちなのだ。こうして私はまともに座ることができないまま、ずっとバスに乗るはめになったのだった。

シャシャマネからさらに八時間、首都のアジスアベバに到着。

アジスアベバのバス停はさすがに首都だけあって、国内各地へのバスが集結している。だから当然、目的地別にバスの出発時間をずらすなり、入り口のゲートが整備されていたり、バスの座席指定ができていたり、そんなことは全然なくて、五時半の開門時間には一〇〇人以上の人々が集結していた。

そしてワァー、である。

こんなとき、誰かひとりくらい、

「あ、君は外国人だね。私が席を確保してあげるので心配しなくていいよ」

などと声をかけてくれてもよさそうなものだが、エチオピアではそんなことが起こるわけもなく、流れていく上空を見つめながら、

「エチオピア　これがアフリカ　オリジナル」

と一句詠んだ。

その日一二時間、さらに翌日八時間。その日もワァー、翌日もワァー。

バスのなかもひどい。

エチオピアは赤道直下の国であるから当然日中は日差しがバスのなかに入ってきて暑いのだが、なぜか誰も窓を開けようとしない。

断っておくが、もちろんバスにはエアコンなんてないのである。

とんでもなく暑いので私は自分の席の窓を開けるが、ふと目を離した隙にいつの間にか閉まっている。

また開ける。

が、また閉まっている。

また開ける。

が、また閉まっている。

よく見ると、後ろの席のおっさんが窓を閉めていた。私が、

「暑いじゃないか。なんで閉めるのだ」

と抗議すると、おっさんは真顔で、大変真剣な面持ちで、それはまるで生死をかけて戦っている侍のような顔つきでこう言った。

「悪霊が入ってくるではないか」

このおっさんはふざけているのだろうか。しかし周囲の人々もこの意見にウンウンとうなずき、これはどうやら本気のようである。

「とにかく暑い、開けろ」

「だめだ、閉めろ」

「我慢できない、開けろ」

「悪霊怖い、閉めろ」

こうして私と悪霊おやじ&周囲の人々は無益な言い争いを繰り返した。が、結局収まりがつかない。つくわけないのだ。

するとひとりの知的な面立ちをしたおっさんが見るに見かねたのか、われわれの近くに寄って来て、

「すまない日本人、彼らはわかっていないのだよ」

と仲介してきた。流暢な英語である。

「エチオピアは科学が遅れている。実に君には不快な思いをさせた」

おお、わかっているではないか。エチオピアにもこういった人がちゃんといるのだ。

「悪霊なんて入ってくるわけない」

そうだ、そんな非科学的なことあるわけないだろう。

「窓を開けると、外から冷たい空気が入ってくる」

そう、だから窓を開けたいのだ。

「するとバスのなかの暑い空気と、外の空気がぶつかりあい、そこで……」

とても科学的な説明だ。みんなちゃんと聞けよ。

「悪霊が生まれるのだ」

おやじ…………………。


ラリベラからゴンダールへ向かうバスはとりわけひどかった。

標高三〇〇〇メートルを超える高地のため酸素が薄いのに、窓を閉め切っている。バスは乗客を定員の一・五倍以上詰め込んでおり、さらに私はまたもや戦いに敗れ、バスの通路に立って移動するはめになっていた。

バスに乗り込むと、まず最初にビニール袋が配られる。

ゲロ袋だ。

この区間はエチオピアのなかでも悪路で知られており、それによる揺ればかりでなく、窓を閉め切るため空気が悪く、嘔吐をもよおす人が続出するのだ。

これでゲロを吐いてもバスを汚すことはない、心おきなくゲロを吐ける、そんな安心からか、先ほどまで不安そうな顔をしていた乗客からも安堵の笑顔が広がる。なんといっても、ゲロを吐くために窓でも開けようものなら、悪霊にとり憑かれてしまう人たちなのだ。が、こう思うのは私だけだろうか。

ゲロを吐く前に、窓を開けろ。

一時間もしないうちにやがてひとり、またひとりとゲロを吐き出した。

ゲロというのはたちが悪い。ウンコをもらすのは周囲にあまり影響を及ぼさないが、ゲロはひとりが吐き始めると、そのゲロ臭につられ、ひとりが二人に、二人が四人に、四人が一六人に……と加速度的に増えていき、やがてはゲロこそこの世のすべて、ゲロに世界を支配されるのではないか、と思われるくらいの広がりを見せるのだ。

たまらず次のバス停で飛び降りると、私のジーンズにはがっちりゲロがかかっていた。

そしてそのゲロからは、かすかにエチオピアン料理のインジェラの香りが漂い、それがまたどうしようもなく吐き気をもよおす酸味を漂わせ、ひたすら気分が悪くなるのであった。

許可書がいらない許可をくれ　スーダン

スーダンは暑い。とにかく暑い。

エチオピアにいるとき、あまりにスーダンが暑いという噂を聞くのでスーダン大使館の係員に、

「スーダンは暑いらしいね。なんでも気温が五〇度もあるそうじゃないか」

と聞くと、

「そんなに暑くないよ、四五度くらいさ」

と言った。

充分だ。

そんな灼熱の国スーダンへ入国するには、ビザが必要だ。ビザとは、

「うちの国に入国してもいいですよ」

という許可書みたいなものであって、これはまあどこの国へ行ってもたいてい必要なので仕方ないような気がするが、スーダンのビザは少々やっかいだ。

まず、ビザ代が六〇ドルもする。

高い。

一〇ドルや二〇ドルなら、事務手数料みたいなもんだと言われれば納得しないでもないが、たかがハンコひとつで六〇ドルは高すぎるのではないか。

われわれは本来ならこんなハンコ欲しくもなんともないのに、必要だからという理由で仕方なく取っているのである。それを六〇ドルとは高すぎるのであって、これは職権濫用ではないか。

さらにスーダンのビザを取るには、写真三枚が必要である。

これは、私はあまりにもさわやかだから五枚必要で同行のK君はヒッピーみたいで汚らしいから一枚でいい、とかそんなことはいっさいなくて、みんな一律三枚必要である。

そしてこれが一番やっかいなのだが、スーダンビザの取得には日本大使館からの推薦状というのも必要である。

これはスーダンという国が、

「こいつは本当に日本人なのか。本当はスパイなのではないか」

という疑惑を晴らすため、まずは日本大使館に行ってそういった書類をもらって来いというのである。

たしかにK君は長髪にヒゲ、よれよれのTシャツ、と大変怪しげな風貌をしており、スー

ダン大使館には私からも重々、

「この人は念入りに確認したほうがいいですよ」

と警告したいぐらいであるが、私の顔を見れば悪人かどうかぐらい判断できるであろう。

納得はいかないが「みんな必要なのだ」と言うので、私は日本大使館に行って、

「すいません、スーダンに行きたいので推薦状ください」

と、この件を報告したところ、

「この人は日本人です」

と私が全面的に日本人であるという推薦をいただいて、スーダンのビザをゲットした。


エチオピアから国境を越えスーダンに入国。

早速イミグレーションで手続きをすませる。

といっても、私はすでに入国先のビザを取得している。普通ならここで係員はパスポートの私の顔とビザを確認して、それが終わればポンっとスタンプを押して終わりである。

「アッサラームアレーコン」

とアラビア語のあいさつをかまし、私は係員にパスポートを提出する。紳士的な感じのする係員だった。

ところが彼は、パスポートを受け取ると、表紙の私の顔写真を確認し、さらにビザを確認し、そしてエチオピアの出国スタンプを確認し、またもや顔写真を確認し、おやっと驚いた表情をした後に、なにやら机から紙と鉛筆を取り出すと、

「あなたのサインと写真が欲しい」

と言った。

むむ、彼は私のファンだろうか。

こう見えてもファンをとても大切にする私である。しかも彼は私の身のまわりの物、例えば私の汗のついたシャツとか脱ぎたての靴下を欲しいと言っているわけではなく、純粋にサインと写真を欲しいと言っているだけである。

「お安い御用です」

と私は答え、それらの品を彼に提供した後、そのまま彼の指示に従って隣の建物に移動する。

そしてここにも先ほどとは別の係員が待機しており、私はまた、

「アッサラームアレーコン」

とフレンドリーなあいさつをかまし、パスポートを提出する。

と、彼は私の顔写真を一瞥《いちべつ》した後、またもや机から紙と鉛筆を取り出し、

「お前の写真、サイン、プロフィール、そして二〇ドルをよこせ」

と言い、さらにアラビア語で何か書かれた書類をくれた。

それにしても二〇ドルとはどういうことだろうか。いくら私のファンだといっても金をくれというのは職権濫用なのではないか。

しかも彼がくれた書類にはクネクネしたアラビア文字でなにやら書かれており、最後に彼の名前らしきものがローマ字で書かれている。

彼のサインである。

断っておくが、私は彼のファンではない。


国境からトラックの荷台に乗ってゲダレフへ。翌日はバスに乗って首都のハルツームへ。

ここスーダンはイスラム教国家で、英語はあまり通じない。

英語が通じないと、バスに乗るのもホテルを探すのもひと苦労である。

さらにスーダンはありえないくらい暑い。できるかぎり歩きたくない国でもある。

ハルツームの宿探しは本当に苦労した。

私は最初「ハラメイン」というホテルを探していたのだが、それはとても小さくて地元の人もあまり知らないホテルだったうえに、そこから一キロほど離れた場所に「アラメイン」

という大型のホテルがあった。これがややこしい。

私が地図を頼りにハラメインホテルを探して歩いていると、その辺で暇をもてあましていた親切なスーダン人が、

「何をしてるんだ？」

みたいなことをアラビア語で聞いてくる。

「ハラメインホテル」

そう私が答えると、

「おお、それならこっちだ」

と、灼熱地獄の下、手を引いて連れて行ってもらった場所がアラメインホテルであり、汗でシャツをびっしゃり濡らしながら、地図を頼りにハラメイン付近まで戻って来ると、またしても親切なスーダン人が現れ、

「おお、ハラメインはこっちだ」

と連れて行かれた場所がまたもやアラメインであり、へとへとになりながらハラメイン周辺に戻って来ると、本当に親切なスーダン人がやって来て、

「おう、お前なにしてるんだ、ハラメイン？」

もういいぞ。

二時間後、自力で到着した本物のハラメインホテルは満室であった。

ハルツームに着いた日は結局、日差しはよくて風通しが悪いというスーダンでは最低の宿に一泊し、翌日は次の目的地ワディハルファまでの列車の時刻を調べようと炎天下、一日中街を歩き回った。

汗をダラダラと流して死にそうになりながら無駄に歩き回ったその日、結局わかったのは、

・その列車は週に一本しかなく、

・そこに行くには列車の他に交通手段はなく、

・さらにその列車は今日の朝八時に出発したので、次回は一週間後。

ということである。

というわけで、この街に一週間も滞在するはめになった。

翌日、私とK君はエアコン付きのホテルに移動しようということになった。

われわれがチェックインしたときである。ちょっと高級（といっても高級じゃないけど）なせいか、受付のおっさんは英語を話せて、

「書類を見せてくれ」

と言ってきた。われわれはてっきりビザのことだと思いパスポートを見せるが、おっさん

は違うと言う。

　おっさんが言うには、外国人がスーダン国内のホテルに泊まるときには「滞在許可書」というものが必要で、それがないと政府から泊めてはいけないと言われているらしく、そしてそれは国境で取れるそうだ。

　今さらだが、どうやら国境のおっさんたちは実は私のファンでもなんでもなく、ただ単にこの許可書をつくりたかったようだ。

　さらにおっさんが言うには、スーダン国内を旅行する外国人はほかにもいろいろと許可書が必要で、「写真撮影許可書」とか「旅行許可書」など、ここハルツームの警察で申請して来いと言う。

「滞在許可書」であるが、このときおっさんに、

「あとで取って来るから」

　と言い、とりあえずチェックインさせてもらって以降、われわれは一週間も泊まっているにもかかわらず、一度も見せろとは言われなかった。

「撮影許可書」に至っては、写真を撮るための許可を申請しているのに、

「写真屋に行って写真を撮って来い」

　と言うのである。おちょくっているとしか思えない。

……一週間後、いよいよスーダンを抜け、この二年半の旅を締めくくる最終国であるエジプトに入国するときがやって来た。

その日はハルツームから国境の街ワディハルファまで、灼熱の砂漠のなかを平均時速一五キロくらいでノロノロ進む列車に四八時間も乗り続けた。この旅でも有数のハードさだ。

ちなみにこの列車、われわれは思いきって一等席を確保したのだが、一等席といってもエアコンがあるわけでもなく、寝台車両なわけでもなく、リクライニングが利くわけでもなく、切符を持ってない人たちが勝手にその辺の床に座るどころか、そいつらがわれわれのいない間に勝手にわれわれの席を占領して寝ているという、一等車両であった。意味ないぞ。

さらに頼みの扇風機は、くそ暑い昼間には作動せず、夜間になっても私の頭上はるか上を微妙に吹いているというとんでもない代物で、われわれが出発前に用意した一〇リットルの水は初日に全部なくなった。おかげで二日目からは、その辺の井戸水を飲むはめになり、その井戸水は水というよりお茶みたいな色をしていた。

午前八時ごろにワディハルファに到着したのだが、あまりにもハードすぎてわれわれは動くことができずにそのまま砂漠に横たわり、昼過ぎまでそのまま過ごした。

本来ならそのままこの日は街に一泊し、翌日にでも国境を越えたいところだが、残念ながらここからエジプトへの交通手段はフェリーだけであり、そしてそのフェリーはまたしても週に一便、つまり今日しかないのだ。

　フェリーの出発時刻は午後四時なので、それに合わせて午後二時半ごろ港に向かう。当たり前であるが港にはイミグレーションがあり、そこで出国手続きをすませる。が、またもや出国係員が、

「許可書を出しなさい」

　と言う。

　わけがわからない。われわれはもうスーダンには滞在しないし、さらに言うなら、われわれはもう二度とスーダンに来るつもりはない。

　しかし係員は、

「許可書がなければ出国させないし、さらに出国のためには○○と△△という書類が必要だ」

　とかなんとか言っている。

　誰も必要としていない書類のために、また金を払わされるのである。

　私は抵抗するのを諦めて、すべての許可書をつくることにした。

　ところが出国に必要な書類はここから歩いて一時間くらいの場所でできるという。

完璧になめている。一緒につくれ。

もうギリギリであった。

フェリーの出航までの時間もギリギリなら、私の精神の限界もギリギリだった。

行き交う車をヒッチハイクし、大急ぎで私とK君は書類を作成し、港に戻ったのは出航予定時刻を大幅に遅れた午後五時半。ああ、間に合わなかった、あと一週間この街にいなければならないのか、と嘆いていたが、フェリーは午後九時まで動く気配すら見せず、余裕でイミグレを通って乗船できた。

そんな思いをしてまでつくった出国の書類であったが、乗客の数があまりにも多いせいか、時間がせまっていたせいか、出国係員はその書類にはほとんど目もくれず、私の手からその書類を取り上げると、そのままポイっと後ろにある棚に投げ入れて、それで終わりであった。

スーダンにひと言、言いたい。

許可書がいらない許可をくれ。

四〇〇〇年の歴史と現実　エジプト

エジプトを観光すると、本当にエジプトという国のすごさを実感する。

例えばピラミッド。

諸説ではピラミッドはテコの原理を用いてつくられたなどと言われているが、実際にピラミッドの前に立つと、これだけの大きな建造物を四〇〇〇年前の人たちが本当にそんな技術だけで造ったのか、これは現代の最新技術を駆使してもかなり困難な工事なのではないか、と大変に感心させられる。驚愕すら覚える。

マンゴージュース屋に行って三ポンドとふっかけてくるジュースをがんばって一ポンドで飲む。うん、ここのマンゴージュースはおいしいよ、そうかまた来いよ、じゃあ明日来るね、などと会話して翌朝マンゴージュースを飲むと、

「五ポンドだ」

と言ってくる。アホか、昨日一ポンドで飲んだぞ、それ以上払えるか、わかったわかった一ポンドでいい、そりゃそうだ、などと会話してその日の夕方、喉が渇いたのでまたジュース屋に行って注文すると、

「六ポンドだ」

と言ってくる。四〇〇〇年前も今も変わらずすごい国だ。

さて、いよいよエジプトの首都カイロに到着した。

ここカイロから私は旅を終えて日本に帰る。

とうとう二年半に及ぶ長旅を終え日本に帰るのだから、何かこうドーンと素敵なことをやってみたいなぁ、などと思っていたら同室のO君という学生が、

「トシ君、ピラミッド登らない？」

などと言う。

噂によると、ピラミッドの頂上からはギザにあるほかの二つのピラミッドを上から眺めることができて、その景色は下から見たものとはまた別の、とてもダイナミックなパノラマが堪能できるという。特に頂上から眺める朝日はとんでもなくきれいだという。

しかし、しかしである。

現在ピラミッドに登るというのは、固く禁止されている。

というわけで、ここからは私にはいっさい関係のない話になるが、勇気を持ってピラミッド登頂作戦を遂行した学生O君と、さわやか好青年T君の熱い物語である。

まずピラミッド登頂は、まだ陽も昇らぬ午前三時にスタートするらしい。昼間は観光客がたくさんいるし、警備員も死ぬほどいるので、闇夜にまぎれて登るというわけだ。

ホテルからピラミッドのあるギザまでは車で一時間ほどの距離なので、タクシーを使用した。……使用したそうだ。

このとき、注意すべきはピラミッド登頂にはあまり余分な金を持っていかないことで、この作戦は最終的にかならず警察に捕まるはめになるので、そのとき下手に身分証明書や金銭を持っていると全部没収されるのである。……そうである。

現在ピラミッドの周辺は二四時間体制で警備員が見回りをしており、ときどき現れる墓荒らし、などはいないと思うけど、こうやってときどきやってくる勇敢な旅行者、いやバカな旅行者からピラミッドを保護しているそうだ。

では、どうやってピラミッドに侵入するか？

そのためには、ピラミッドの周辺がどうなっているかを説明しなければならない。

まず、ピラミッドはテレビなどでよく見るように砂漠のなかに建てられており、ピラミッドの南と西側には見わたすかぎりの砂漠が広がっている。もちろん北と東にも砂漠は広がっているが、こちらは五〇〇メートルほどでギザの街に面している。

北側の一番端にはピラミッド敷地内に観光客が入場する正門があり、東側の端にスフィンクスがある裏門がある。そしてこの正門と裏門の間には、敷地内に勝手に人が入らないように二メートルほどの壁がつくられているのだが、ポイントはここである。

当然、正門と裏門付近には警備員がたくさん待ち構えているので、そんなところから堂々とピラミッドの敷地内に侵入できるわけはないのだが、壁のところの警備は手薄である。そして壁の外側も普通に近づいたら警備員に丸見えで、そうなったら速攻で逮捕されてしまうのだが、一ヵ所だけ隣のゴルフ場と面している場所があり、その森林を利用して体を隠し壁を乗り越え侵入するというわけだ。

さて、O君と私、いやT君がピラミッドの街ギザに到着したのは午前四時。

当然周囲は静まり返っている時間帯だが、この日はラッキーなことに満月で、ライトなどいっさいないけれど足元は比較的はっきりと見える。

が、反面、警備員からもわれわれが見つかりやすい状況となっており、注意が必要。文章もいつの間にやら一人称となっており、こちらも注意が必要だ。

O君とT君はまず一つ目の壁を乗り越え、ゴルフ場への侵入に成功。ゴルフ場はさらに暗闇が広がっており、かなり恐ろしい。

木と木の間をすり抜け、ピラミッド側の壁へと近づく。壁は背丈よりも高く二メートル近い。と、頭上には満月に照らし出されたピラミッドが視界いっぱいに広がった。

「で、でけぇ」

予想以上の大きさに少々感動し、そして今からここに登るのだ、という想いで軽く武者震いを覚えた、とT君は後々語っている。

まずは壁にしがみつき、内部の様子をうかがう。と、意外なことに内部にはもう一枚大きな壁があり、どうやら侵入するには二枚の壁を乗り越えなければいけないようだ。

さらにタチの悪いことに、二枚の壁の間には大変頭の悪そうな犬が徘徊《はいかい》しており、すでにわれわれの存在に気づいてウーウー唸《うな》っている。

「どうする？」

「少し様子を見よう」

こうして一〇分ほど待機していると、バカ犬はどこか見えないところに行ってしまった。

いよいよ、である。

二年半の旅の締めくくりとして、ピラミッドに登る。覚悟は決まった。

とT君は後に語っている。

まず手前の壁によじ登り、ジャンプしてすぐさま次の壁によじ登る。

と、なんということだろう、先ほど視界の外に消えていた犬が追いかけてきてワンワン吠え始めるではないか。

「O君、急げ！」

先に二枚目の壁も乗り越えたT君はそう言って必死にO君を励ました。

「オレのことはいいから、先に行け」

O君は叫ぶ。

「お前を捨てて先に行くなんて、そんなことできるか！」

なんだか熱血物語の様相を呈してきた。

「いいから先に行け、トシ!!」

熱い、熱すぎる。熱いのはいいがO君、私の名前を呼ぶな。

ひたすら走ってピラミッドに接近。O君も無事に壁を乗り越え、追従する。と、後ろから二人の存在に気づいた警備員が追いかけてきた。壁からピラミッドの一端までは約五〇〇メートル。サンダルを両手に持ち、裸足で死にもの狂いになりながら走る。

そしてピラミッドにたどり着くや否や、後ろも振り返らずに今度は登る。これがまた大変な作業だ。ピラミッドの一段一段は実に一メートル近くもあり、上の段に手をかけては体をすべらせ、さらに上の段に手をかけてはよじ登る。追いかけてくる警備員から逃げながら、ひたすら頂上を目指す。

三〇段ほど登ったころであろうか、ついに警備員は諦め追いかけて来なくなった。先ほども書いたが、このピラミッド登頂作戦は、最終的には警察に捕まることになる。というのも、ピラミッドに登ったからには当たり前だけど下りて来なければならず、そのときは当然警備員たちが下で待ち構えているからどうしようもないのだ。つまりこの作戦の成否とは、登る前に警備員に捕まったら失敗であり、登った後に捕まるのは成功なのである。

この時点で作戦の成功は確定した。彼らもどうせ後になれば捕まえられるので、ここまで来れば今さら、わざわざ登って追いかけてくるようなことはしないのだ。

O君も無事登って来ている。二人は作戦の成功を喜び、少しここで休憩を取った後、またしても頂上へ向け登り続けた。

午前六時。三〇分以上は登り続けただろうか、遂にピラミッドの頂上に到着した。周囲はうっすらと明るくなり始めており、それはもう絶景としかいいようのない景色であり、それはもうたいそう美しかったかといえばそうでもなく、下を見たら警備員がゴマ粒みたいな大きさになっていて怖かった。

ついに朝日が昇る。

東の空がうっすらとピンク色に染まり、眼下に見えるナントカ王のピラミッドもピンク色に染まった。さらにそこにいたO君とT君の頬もピンク色に染まる桜坂。

朝日は完全に上空に昇り切り、周囲には青空が広がっていた。ピラミッドの頂上に寝転びながら、O君とT君は晴れ渡る青空の下でこんなことを考えていた。

「下りるの、めっちゃ怖い」

登るときは見えなかったから大丈夫だったけど、ピラミッドは高さ一〇〇メートル以上ある建造物なのである。

こうしてO君とT君は無事ピラミッド登頂に成功し、われわれの泊まっているホテルに帰ってきた。

下りて来たときに警備員に捕まったのではないか、どうしたのだ？ という点が、読者には非常に気になるところと思われるので少し説明すると、やはり二人はあの後、地上に下りてくるなり三人の警備員に捕まったらしいのだが、この警備員たちは、

「お前らはとても悪いことをした。刑務所行きは決定だな」

とチクチク脅しつつ、

「だが、私はお前らを救う方法を知っている」

と言って、あからさまに賄賂《わいろ》を要求してきたうえ、さらにO君とT君が、

「ああ、写真が撮りたかった、カメラを持ってくればよかった」

と残念がっているのを見て、

「そうか、写真が撮りたいか。それなら明日二〇〇ポンド持ってもう一度登りなさい、私が手引きしてやろう」

と言い、

「私はアリで、こいつはモハメド、さらにこいつはムハンマドだ」

「ほかのヤツと間違うんじゃないぞ、ちゃんとオレたちを呼ぶのだぞ」

「明日はいい写真が撮れるぞ、よかったなフレンド」

と最後は自己紹介つきの握手までして、釈放されたそうだ。

よかったよフレンド、明日は帰国だ。

あとがき

日本に到着したとき、なんとなく旅を終わらせるのがもったいなくて、実は私は外国人だと思い込んでジャパンという国をしばらく楽しんでみたいと思った。そうすれば目に入るもののすべてが新鮮に映るのではないだろうか。みんなが携帯電話などを取り出して黙々とメールをしていても、おお、さすがはハイテク国家のジャパンだ、とか、満員電車なんかも、これが噂の大都会トーキョーだ、と思えば楽しそうである。われながらナイスアイディアだ。

もちろん私は日本語なんてさっぱりわからない外国人なので、隣で子供が、

「ママ、あの人汚いよ」

「しっ、あんまり見ちゃいけません」

などと言っても無邪気な親子にしか見えないし、本当は働きたくて仕方がないけど、外国人は許可なく日本で仕事してはいけないのだ。

と、私があまりにも外国人風の面持ちで歩いていたためであろう、成田空港の税関の男が私のパスポートをジロジロと見つめ、

「あなた、どこから来ましたか？」

と言った。たしかに私のパスポートは長い旅の間ですっかり色も薄くなり、変な国のビザやスタンプ、さらに「ＡＹＡ　０９０-ＸＸＸ-×××」といった謎のメッセージまで書いてある。偽造パスポートにでも見えたのだろうか。が、いやしくも私は日本人である。やましいことはほんの二、三である。

「ちょっと別室まで来てください」

心のなかではカメラをぶらさげてはしゃぎまわる白人観光客になったつもりだったのだが、敵の目には不法入国を目指すアジア人に見えたようだ。さらに別室では、

「いやそれは本物です。偽造したりしていません」

という私の主張を無視して彼らは私のカバンをひっくり返し、ポケットの隅から冊子の間まで調べあげ、最終的には、

「無修整ですね」

と言ってお宝数十点を取り上げて私を釈放した。

こうして二年半にも及んだ私の旅が終了した。

なんとなく一年くらいの予定だったのに、もう少し旅がしたくて一ヵ月、また一ヵ月と期間を延長し、仕事をしたくないという欲求から半年、また半年と旅は延び、帰国前には「大

人になんてなりたくない」という無邪気な二八歳になっていた。

エジプトからは素直に帰ろうと思っていたけど、なぜか途中でタイに寄り、タイからはもう帰るだろうと思わせておいて今度は台湾に寄った。

台湾から日本へ。この旅を振り返るためにも、帰国する飛行機のなかで、

「私はこの旅で一体なにを得ただろう？」

と自問自答した。たまには私もまじめに考えたりするのである。

全力投球の旅であった。

あまりにも全力でがんばりすぎたため、観光地では一泊しかしていないのに、観光地でもなんでもない所で疲れ果てて五泊もしていた。あまりにも疲れていたためそのままバスで寝過ごして観光地を通り過ぎてしまったこともある。

おかげであまりがんばっていないように誤解されているようだが、実は私は寝てばかりいるように見せかけて陰で努力を惜しまない人間で、昔から学年に一人や二人くらいいる、

「授業中には寝てばかりいるけど実はあの人すごいんだよ」タイプの人間なのだ。その実力はすでにたくさんの人に認められており、友人たちには、

「よく卒業できたな」

と尊敬され、上司たちも、

「わが社始まって以来だ」

と絶賛していたが、そんな話はどうでもよくて、旅でなにを得たか、だ。

旅先で見た風景もよかったが、それ以上に旅先で出会った多くの友人や、私の旅行を応援してくれていた人たちは、旅に出なければ得ることのできなかったかけがえのないものであろう。普段の生活だとどうしても年齢や職業、趣味などが似たような人とばかり接することになるけれど、旅に出たおかげで今まで知り合えなかったような人、旅に出なければ会うことがまずないような人と知り合うことができた。これらは今回の旅で得た、私の財産であろう。では、

「私自身はこの旅を通してどう成長しただろう？」

と自問自答したところで、いきなり私は深い眠りに陥って、気づけばそこは日本であった。

そして日本に到着していきなり、税関職員という、きっと知り合うことも話すこともなかったし、あまり話したくもない人に、

「君は見るからにして特別だ」

などと話しかけられ、ようやく釈放されて通関した先にはたくさんの友人が待っていてくれたかといえばそんなわけは全然なかった。けれど、そこにはこの旅を一番支えてくれていた一人の女性が待っていてくれて、久々の再会にもかかわらず笑顔で、

「おかえり」

と言われたときには、少しジーンときてしまった。

これだから世界一周は

当初から世界一周しようと思っていたわけではない。南米に行こうと思いながら少し遠回りしてアジアを横断していたらなぜかアフリカに突入することになり、念願の南米を訪れた後もそのまま帰国せずに、なぜかまたアフリカに戻って縦断したりして、結果的に世界一周していた。一年のつもりがアジアに半年、アフリカに一年、南米に一年、全部で二年半いたことになる。

思い返せばアジアは比較的穏やかで、南米は景色もよくて旅行するのも快適だったが、アフリカは移動もしんどいし、ご飯もあまり口に合わないし、つらいことだらけだった。

それでも旅を終えてみて、一番思い出深いのはアフリカである。九〇〇日近く旅行して、一番の思い出が五〇時間列車に乗り続けたとか、交通事故で死にそうになったとか、子供たちに石を投げられたとか、そんなことばかりだ。

今も滞りなくものごとが進む普通の国に行くと物足りなさを感じ、あまり旅行者のいない街で迷子になったりする完全アウェイな状況でこそ「ああ、これこそが旅だ」などと思ってしまう。

帰国後、周囲から、
「性格が穏やかになったね」
と言われることがある。いろんな経験が心を強くしているのだろう。二度もマラリアにかかると、日本で蚊に咬まれたり蜂に刺されたりするくらいじゃウンともスンとも思わなくなった。セネガルで電車が八時間近く遅れたことを思い出せば、日本で電車が五分や一〇分遅れたくらいではイライラしない。そんな細かいこと、どうでもいいじゃないか、遅刻がなんだ、上司がなんだ。そんな上司に無理難題をボンボン投げつけられても、さらりと受け流そう。ここ日本ではすっかりまじめサラリーマンだが、雑念を捨て心を無にして仕事に集中、「今までたくさんの人間と仕事をしてきたが、お前ほど人の話を聞いとらん人間も珍しい」とお褒めの言葉を頂き、今後の出世は間違いないと思われる。

生涯にもう一回とは言わず、出世してあと二、三回は世界一周に行こうと今は企んでいる。

二〇一三年六月一日

西井敏恭

本書は文庫オリジナルです。

世界一周《せかいいっしゅう》　わたしの居場所《いばしょ》はどこにある!?

西井敏恭《にしいとしやす》

平成25年7月5日　初版発行

発行人——石原正康
編集人——永島賞二
発行所——株式会社幻冬舎
〒151-0051東京都渋谷区千駄ヶ谷4-9-7
電話　03(5411)6222(営業)
　　　03(5411)6211(編集)
振替00120-8-767643
印刷・製本—近代美術株式会社
装丁者——高橋雅之

幻冬舎文庫

ISBN978-4-344-42049-6　C0195　に-16-1